모던 클래식 칵테일

일러두기

- 1온스는 30ml으로 계산해 변경했습니다.
- 모든 각주는 옮긴이와 편집자의 주입니다.

모던 클래식 칵테일

로버트 시몬슨 지음 | 리지 먼로 사진 | 정연주 옮김

모던 클래식 칵테일

발행일 2023년 9월 11일 초판 1쇄 발행
지은이 로버트 시몬슨
사진가 리지 먼로
옮긴이 정연주
발행인 강학경
발행처 시그마북스
마케팅 정제용
에디터 최윤정, 최연정, 양수진
디자인 강경희, 김문배

등록번호 제10-965호
주소 서울특별시 영등포구 양평로 22길 21 선유도코오롱디지털타워 A402호
전자우편 sigmabooks@spress.co.kr
홈페이지 http://www.sigmabooks.co.kr
전화 (02) 2062-5288~9
팩시밀리 (02) 323-4197
ISBN 979-11-6862-162-6 (13590)

MODERN CLASSIC COCKTAILS:
60+ Stories and Recipes from the New Golden Age in Drinks by Robert Simonson
Text copyright ⓒ 2022 by Robert Simonson
Photographs copyright ⓒ 2022 by Lizzie Munro
All rights reserved including the right of reproduction in whole or in part in any form.
This Korean edition was published by Sigma Books in 2023 by arrangement with Ten Speed Press, an imprint of Random House, a division of Penguin Random House LLC through KCC(Korea Copyright Center Inc.), Seoul.

이 책의 한국어판 저작권은 (주)한국저작권센터(KCC)를 통한 저작권자와의 독점계약으로 시그마북스에서 출간되었습니다.
저작권법에 의해 한국 내에서 보호를 받는 저작물이므로 무단전재와 복제를 금합니다.

파본은 구매하신 서점에서 교환해드립니다.

* **시그마북스**는 (주)**시그마프레스**의 단행본 브랜드입니다.

시작하며	11
도구	19
재료	25
모던 클래식 칵테일: 레시피와 일화	29
감사의 말	174
지은이 · 사진가 · 옮긴이	175

모던 클래식 칵테일

아마레토 사워 31
Jeffrey Morgenthaler, Clyde Common, Portland, Oregon, 2010

에인션트 마리너 32
Jeff Berry, Los Angeles, 1994

아트 오브 초크 35
Kyle Davidson, The Violet Hour, Chicago, 2008

바질 김렛 36
Greg Lindgren, Rye, San Francisco, 2006

벤톤스 올드패션드 38
Don Lee, PDT, New York, 2007

비터 주세페 43
Stephen Cole, The Violet Hour, Chicago, 2007

블랙 맨해튼 44
Todd Smith, Cortez, San Francisco, 2005

브램블 47
Dick Bradsell, Fred's Club, London, 1991–1992

브렉퍼스트 마티니 48
Salvatore Calabrese, Library Bar, London, 1996

케이블카 52
Tony Abou-Ganim, Starlight Room, San Francisco, 1996

샤르트뢰즈 스위즐 56
Marcovaldo Dionysos, San Francisco, 2002

CIA 59
Tonia Guffey, Flatiron Lounge, New York, 2011

콥스 리바이버 넘버 블루 60
Jacob Briars, New Zealand, 2007

코스모폴리탄 62
Toby Cecchini, Odeon, New York, 1988

데스 플립 64
Chris Hysted-Adams, Black Pearl, Melbourne, 2010

디비전 벨 68
Phil Ward, Mayahuel, New York, 2009

얼 그레이 마티니 70
Audrey Saunders, Bemelmans Bar, New York, 2003

이요르스 레퀴엠 72
Toby Maloney, The Violet Hour, Chicago, 2010

엘리슨 75
Charles Hardwick, Blue Owl, New York, 2007

피츠제럴드 76
Dale DeGroff, Rainbow Room, New York, 1995

프렌치 펄 77
Audrey Saunders, Pegu Club, New York, 2006

진 바질 스매시 80
Joerg Meyer, Le Lion, Hamburg, 2008

진 블라썸 83
Julie Reiner, Clover Club, Brooklyn, 2009

진진 뮬 84
Audrey Saunders, Beacon, New York, 2000

골드 러시 87
T. J. Siegal, Milk & Honey, New York, 2000

그린포인트 91
Michael McIlroy, Milk & Honey, New York, 2006

건샵 피즈 92
Kirk Estopinal and Maksym Pazuniak, Cure, New Orleans, 2009

하드 스타트 93
Damon Boelte, Prime Meats, New York, 2009

재스민 94
Paul Harrington, Townhouse, Emeryville, CA, 1990

줄리엣과 로미오 97
Toby Maloney, The Violet Hour, Chicago, 2007

켄터키 벅 99
Erick Castro, Bourbon & Branch, San Francisco, 2009

킬 데빌 102
Erin Williams, Pegu Club, New York, 2008

킹스턴 네그로니 104
Joaquín Simó, Death & Co., New York, 2009

라 펠라 106
Jacques Bezuidenhout, Peche/Tres Agaves, San Francisco, 2005

리틀 이태리 109
Audrey Saunders, Pegu Club, New York, 2005

메즈칼 뮬 112
Jim Meehan, PDT, New York, 2009

네이키드 앤 페이머스 119
Joaquín Simó, Death & Co., New York, 2011

오악사카 올드패션드 120
Phil Ward, Death & Co., New York, 2007

올드 쿠반 125
Audrey Saunders, Beacon/Tonic, New York, 2001

페이퍼 플레인 127
Sam Ross, Milk & Honey, New York, 2007

페니실린 128
Sam Ross, Milk & Honey, New York, 2005

피냐 베르데 132
Erick Castro, Polite Provisions, San Diego, 2012

폰 스타 마티니 135
Douglas Ankrah, Townhouse, London, 2001

레드 후크 138
Vincenzo Errico, Milk & Honey, New York, 2003

리볼버 141
Jon Santer, Bruno's, San Francisco, 2004

시에스타 143
Katie Stipe, Flatiron Lounge, New York, 2006

싱글 빌리지 픽스 144
Thad Vogler, Beretta, San Francisco, 2008

더 슬로프 147
Julie Reiner, Clover Club, Brooklyn, 2009

티아 미아 150
Ivy Mix, Lani Kai, New York, 2010

토미스 마가리타 151
Julio Bermejo, Tommy's Mexican Restaurant, San Francisco, circa 1990

트라이던트 154
Robert Hess, Seattle, 2002

보드카 에스프레소,
즉 에스프레소 마티니 157
Dick Bradsell, Soho Brasserie, London, 1985

위스키 애플 하이볼 161
Sydney, 2010

화이트 네그로니 162
Wayne Collins, Bordeaux, France, 2001

위블 166
Dick Bradsell, The Player, London, 1999

윈체스터 170
Brian Miller, Elettaria, New York, 2009

모던 클래식 칵테일 후보작

캡 캘로웨이 51
Tiffanie Barriere, One Flew South, Atlanta, 2013

스 수아 54
Nicole Lebedevitch, The Hawthorne, Boston, 2010

데모크라트 67
Jon Santer, Bourbon & Branch, San Francisco, 2007

맥시밀리언 어페어 110
Misty Kalkofen, Green Street, Boston, 2008

미스터 브라운 116
Franky Marshall, Clover Club, Brooklyn, 2011

와일디스트 레드헤드 169
Meaghan Dorman, Lantern's Keep, New York, 2011

1910 171
Ezra Star, Drink, Boston, 2011

INTRODUCTION 시작하며

21세기 초 칵테일 부흥기에 일조한 가장 큰 공신은 여기 참여한 바텐더의 끈덕진 창의성이다. 1870년대부터 1920년 금주법이 시행될 때까지 이어진 최초의 칵테일 황금기 이후, 그 모든 기간보다도 지난 30년에 걸쳐 탄생한 새롭고 훌륭한 칵테일이 더 많다.

바 세상이 처음으로 정점을 맞이했던 이 시기에, 우리가 아직까지 즐겨 마시는 마티니, 마티네즈, 맨해튼, 롭 로이, 다이키리, 클로버 클럽, 톰 콜린스, 사제라크, 잭 로즈 등 수많은 클래식 칵테일이 탄생했다. 금세기의 뛰어난 재능이 분출하면서 쉽게 받아들일 수 있는 보물 같은 칵테일이 손쉽게 만들어진 것이다.

그런데, 실제로 새로운 칵테일이 모던 클래식의 반열에 오르려면 무엇이 필요할까?

이것이 최근 몇 년간 (그리고 마틴 듀도로프와 함께 개발한 칵테일 전문 앱 '칵테일 르네상스의 모던 클래식'을 통해서) 계속 고민해 온 질문이다. 5년이나 10년, 혹은 20년쯤 전에 만들어진 칵테일을 '클래식'이라고 부르는 것은 조금 과장스럽게 들릴 수 있다. 1899년에 누군가가 맨해튼을 이미 클래식 칵테일이라고 부르기는 했을지, 더 나아가 칵테일에 그런 용어가 존재할 거라고 생각했는지 자체가 의심스럽다. 그러나 칵테일 르네상스는 엄청난 속도로 진행되었다. 얼마나 빠르게 발전이 이루어졌는지 그 10년간은 1년이 한 달처럼 느껴질 정도였다. 그리고 이러한 성과는 우연히도 칵테일 문화의 부상과 거의 정확히 일치하며 출현한 인터넷 등에 업고 들불처럼 번져나갔고 바텐더끼리는 물론 바텐더와 미디어, 칵테일 애호가 사이에 다양한 정보가 오가는 경로가 되었다. 이러한 활발한 활동성 내에서 뉴욕 데스앤코의 필 워드가 메즈칼을 이용해 만들어낸 초기 칵테일인 오악사카 올드패션드 등 2007년에 만들어진 새로운 칵테일이 2010년에는 이미 기록적인 성공작으로 인식될 수 있었다.

오악사카 올드패션드는 모던 클래식 칵테일이 갖추어야 할 한 가지 특징을 보여준다. 바로 자신이 탄생한 바를 넘어서 밖으로 뻗어나가는 것이다. 한 음료가 아무리 유명해졌다 하더라도 여전히 탄생한 공간에서만 머무를 수도 있다. 예를 들어, 듀크 마티니는 베르무트를 대쉬 정도만 사용하고 남극처럼 차가우면서 희석하지 않은 형태의 스타일로 전 세계에 널리 알려져 있는 칵테일이지만, 마티니를 이런 독특한 방식으로 제공하는 바는 런던의 듀크 바가 거의 유일하다. 모던 클래식이라기보다 해당 바의 특별 메뉴라고 할 수 있다.

반면, 오악사카 올드패션드는 데스앤코에서 흔하게 주문이 들어오는 것은 물론 첫 개시 이후 1~2년 사이에 전 세계의 수많은 바에서 만들어내게 되었다. 수십 개의 다른 바가 한 가지 칵테일을 받아들인다는 것은 해당 메뉴가 클래식의 지위를 획득하는 과정에 있다는 확실한 신호다. (레포사도 데킬라와 메즈칼을 이용한 올드패션드의 단순한 변주 칵테일인 오악사카 올드패션드는 가끔 여러 바에서 다른 이름을 붙여서 판매하기도 하지만 그래도 본질은 같은 칵테일로 본다.)

바의 주인과 바텐더가 승인하지 않는 한 경쟁자의 칵테일이 바 메뉴판에 오르는 일은 없다. 이것이 해당 칵테일의 등급이 올랐다는 신호다. 완장을 찬 바텐더 무리가 마음에 들어하고, 마셔보고, 동료 중 하나가 유별나게 맛있는 메뉴를 만들어냈다고 흔쾌히 인정하는 것이다. 바텐더 커뮤니티에 속한 사람들 사이에는 돈독한 동지애가 존재하지만, 새로운 칵테일에 대한 칭찬은 진심이 아닌 이상 서로 전달하지 않는다.

동료가 만들어낸 칵테일을 메뉴판에 올리는 것은 궁극적인 확언이다. 오드리 손더스가 뉴욕에서 만들어낸 럼과 샴페인 기반의 변주 모히토인 올드 쿠반은 순식간에 대서양을 건너면서 탄생한 지 10년도 되기 전에 런던과 파리의 바에 등장하기 시작했다.

또 다른 지표도 있다. 기본 공식을 비튼 새로운 변주 레시피가 나타나면 기존 칵테일이 모던 클래식이라고 불릴 자격을 갖추었다는 확실한 증거가 된다. 빈센조 에리코가 브루클린 칵테일을 변주해서 만든 레드 후크는 모두 맨해튼 또는 브루클린 계열로 분류할 수 있는 수십 종의 변주 칵테일을 거느리고 있다. 마찬가지로 2005년 밀크 앤 허니의 샘 로스가 블렌디드 스카치와 레몬 주스, 진저 시럽, 훈연 향이 나는 싱글 몰트 스카치를 섞어서 만든 페니실린도 전 세계의 수십 가지 칵테일에 영감을 주었다. 예를 들어, 로스의 고국인 호주의 시드니에 자리한 로보 플랜테이션이라는 바에서는 페니실린의 데킬라 버전인 페니실리나(Penicilina)를 제공한다. 로스 또한 자신의 레시피를 직접 수정해서 프로즌 칵테일과 따뜻한 칵테일 버전을 만들었다. (때로는 모던 클래식을 변주한 레시피가 또 다른 모던 클래식이 되기도 한다. 버번과 아마로, 아페롤, 레몬 주스로 만든 샘 로스의 인기 칵테일 페이퍼 플레인은 메즈칼과 옐로 샤르트뢰즈, 아페롤, 라임 주스로 만든 호아킨 시모의 네이키드 앤 페이머스에서 영감을 받은 것이다.)

모던 클래식 칵테일에 올랐다는 최종 리트머스 테스트는 당연하게도, 인기가 있어야 한다는 것이다. 평론가와 바 업계에서만 칭송받아서는 안 된다. 고객이 전성기 초반은 물론 그 후에도 수년간 꾸준히 주문해야 한다. 예컨대, 에스프레소 마티니(원래 이름이자 이 책에 실린 명칭은 보드카 에스프레소)와 코스모폴리탄은 1980년대에 탄생한 칵테일이지만 지금까지도 널리 즐겨 마신다. 1990년대에 만들어진 토미스 마가리타와 폰 스타 마티니 또한 런던에서 더글라스 앙크라가 만들어낸 지 거의 20년이 지난 오늘날에도 영국에서 가장 인기 있는 칵테일로 손꼽힌다. 그런 종류의 기록을 속일 수는 없는 노릇이다.

그리고 한 칵테일이 확실히 클래식의 반열에 올랐다는 추가적이면서 흥미로운 근거로 하나를 더 꼽을 수 있다. 바로 역사적인 혼란이다. 나는 수많은 바텐더로부터 고객이, 혹은 심지어 동료 바텐더마저도 이 책에 실린 골드 러시나 페니실린, 리볼버, 기타 일부 모던 칵테일이 금주법 이전에 탄생한 것이라고 우기기도 한다는 이야기를 전해 들었다. 이러한 신화가 일단 자리를 잡으면 바텐더 본인도 술꾼 손님이 손에 들고 있는 유명한 칵테일이 사실은 바로 내가 발명한 거라고 주장하기 힘들어지는 당혹스러운 상황에 놓이고 만다. 즉, 모두가 당신이 만든 칵테일이 역사 깊은 것, 이미 한참 전에 죽은 누군가가 만든 음료라고 생각한다면 당신은 이 메뉴가 클래식이 되었다는 걸 깨달을 수 있을 것이다.

이 책에 실린 60가지 이상의 다양한 칵테일은 수년 전에 이미 모던 클래식이라는 명성을 얻은 것이다. 그중 일부는 미래에 인기 칵테일이 될 잠재력이 있다고 판단되는 평론가의 선택을 받은 메뉴다. 해당 칵테일에는 '모던 클래식 후보작'이라는 표시가 붙어 있다.

잘 살펴보면 이 책에 실린 칵테일은 대부분 대략 2007년에서 2012년 사이라는 구체적이면서 한정적인 기간 동안 탄생한 것이라는 사실을 알 수 있다. 그 범위 내에서도 특히 2008년과 2009년이 두드러진다. 둘 다 오랜 세월 이어질 운명을 타고난 부의 원천이 샘솟는 비옥한 해였다. 사실 칵테일 부흥기의 정점은 2009년이라고 주장하고 싶다. 문학계의 1925년, 할리우드의 1939년, 록 음악의 1969년에 비견할 만한 해다.

바텐더의 독창성을 절정에 이르게 한 완벽한 폭풍우가 몰아치던 기간이다. 이 당시에 열정적인 믹솔로지스트로 구성된 헌신적인 공동체가 다시금 직업상의 명성을 되찾으며 미식 테이블에서 한 자리를 차지하겠다고 결심했으며, 특히 칵테일 기술에 전념한 선구적인 바가 여럿 문을 열었고, 한때 믹솔로지스트의 풍미 창고를 채우는 데에 주요한 역할을 했다가 잊히거나 방치되었던 수십 종의 증류주 시장이 복귀했으며, 한 줌 정도의 수집가와 열광적인 팬이 이미 절판되어 한 번 잃어버리고 말았던 바의 매뉴얼과 레시피북을 다시 발굴해 접할 수 있게 만들었고, 칵테일 산업이 40년간 방치되면서 전문적인 영역이 완전히 백지로 돌아간 덕분에 오히려 단순하면서도 흥미진진하도록 생소한 음료를 만들어낼 수 있는 새로운 시작을 이끌어냈다.

그러나 모든 폭풍은 언젠가 잠잠해진다. 어떤 부흥기도 영원히 계속될 수는 없다. 나는 대략 2017년 즈음이 모던 칵테일 르네상스의 커튼콜이었다고 본다. 바로 그 해, 음식 작가 케빈 알렉산더는 <스릴리스트>* 잡지에 기고한 칼럼에서 당당하게 다음과 같이 선언했다. "수제 칵테일 혁명은 끝났다. 이제 무엇이 이어질 것인가?" 나는 지난 해 출판한 칵테일 르네상스의 역사에 관한 책 『A Proper Drink(어울리는 칵테일)』에서 이 칼럼을 대대적으로 인용했다. 알렉산더의 주장은 정통성을 얻기 위한 혼합 칵테일의 전쟁이 승리로 끝났다는 것이었다. 과거의 훌륭한 칵테일이 다시 돌아왔다. 마법사 바텐더가 훌륭한 칵테일을 만들었다는 것은 더 이상 헤드라인을 장식할 만한 뉴스가 아니라 그저 칭찬해 마땅한 일상적인 일일 뿐이다. 모든 새로운 레스토랑이나 바는 그 형식이 어떠하든 일단 음료 담

---

* Thrillist: 미국의 여행 문화 잡지.

당자와 칵테일 메뉴를 따로 구비하게 되었다. 미디어는 더 이상 우후죽순처럼 등장하는 새로운 칵테일 맛집을 숨가쁘게 알리고 보도하지 않았다. 칵테일은 양질의 맛이 날 것이라는 기대를 받았다. 대중도 칵테일을 사랑했다. 오늘날의 바 고객은 칵테일 부흥기가 한창일 때, 또는 이미 발생해서 충분히 자리를 잡은 후에 성년을 맞이한 세대다. 자라면서 이미 이를 세계의 일부로 받아들인 것이다. 젊은 술꾼은 바텐더가 그들 앞에 브랜드가 새겨진 컵 받침을 내려놓고 완벽하게 균형 잡힌 아름다운 모습에 사랑스러운 장식을 더한 신에게 봉헌하는 술을 내려놓아도 상대적으로 동요하지 않게 되었다. 그들에게는 당연한 일이기 때문이다.

그와 동시에 너무나 갑작스럽고 강력하게 형성되었던 칵테일 공동체가 2010년대 후반 들어 갈라지기 시작했다. 개척자 바텐더는 나이가 들었다. 가족을 만들어서 정착하기 시작했다. 일부는 은퇴하거나 업계를 떠났다. 그 외에는 흔히 주류 대기업의 브랜드 홍보 대사 등이 되어 24시간 안정적인 업무를 보장하는 회사원의 위치로 뛰어들었다. 칵테일 컨설팅 회사를 시작한 이들도 있다. 증류로 빠져들어서 자체 주류 브랜드 또는 캔이나 병입 칵테일 사업을 시작하기도 했다. 더글라스 앙크라나 헨리 베젠트, 롭 쿠퍼, 존 르메이어, 사샤 페트라스케, 딕 브레드셀 등 젊은 나이에 비극적으로 명을 달리한 선구자도 많다. 지난 25년을 통틀어서 가장 영향력이 강한 뉴욕의 칵테일 바인 밀크 앤 허니를 설립한 페트라스케, 런던 칵테일 업계의 대부인 브래드셀은 미국과 영국에서 각각 칵테일 부흥에 크게 일조한 장본인이다. 그들의 빈자리를 진정으로 메울 수 있는 사람은 아무도 없었다.

칵테일 부흥기의 또 다른 대표자는 결국 한 발 물러나서 술집 업무와 병행하는 로큰롤적인 라이프 스타일을 무한정 유지할 수는 없다는 사실을 인정했다. 바 반대쪽에 앉아 있는 수많은 칵테일 애호가도 공감한 이런 새로운 추세는 2010년대 후반의 가볍고 도수 낮은 칵테일 음료의 발전에 부분적으로 영향을 미쳤다. 하이볼과 스프릿츠가 새로운 전성기를 누렸다. 이 추세는 결국 이전에는 목테일*이라고 불렸지만, 지금은 더욱 세련된 이름과 복합적인 구조를 갖추게 된 무알코올 '칵테일'로 이어졌다. 한때 가장 크고 도수 높은 술을 팔던 저명한 칵테일 대표인사는 이제 무알코올 '증류주'를 찬양하는 노래를 부르기 시작했다.

칵테일 커뮤니티는 대표 제품에 내포된 명백한 위험성을 넘어서는 또 다른 사회적 문제에 직면했다. 미투 운동과 블랙라이브스매터** 운동이 일으킨 사회적 격변은 바 세계가 다른 산업만큼이나 성차별과 불평등, 다양성과 포괄성의 결여가 두드러지는 곳임을 여실히 보여주었다. 그리고 환경 문제는 바 업계로 하여금 아주 자그마한 탄소 발자국 하나도 존재하지 않는 궁극적인 지속가능성을 칵테일 산업에 반영하는 방법을 고민하게 만들었다. 그러다 코로나19로 인한 팬데믹이 찾아오면서 이 모든 업적이 일시에 소거되었다.

이 초유의 사태로 런던의 밀크 앤 허니, 뉴욕의 페구 클럽과 이그지스팅 컨디션즈, 미니애폴리스의 마블 바, 샌프란시스코의 바 아그리콜, 브루클린의 소바쥬와 도나, 보스턴의 이스턴 스탠다드와 더

---

* mocktail: 가짜라는 의미의 목(mock)과 칵테일의 합성어.
** Black Lives Matter: 흑인 인권운동. 아프리카계 미국인에 대한 경찰의 잔인함에 따른 사고에 대항하는 비폭력 내지 폭력적 시민불복종을 옹호하는 조직화된 움직임을 말한다.

호손 외 수십 곳의 중요한 바가 무너졌다. 이 대형 바들로부터 영감을 받은 바 중에는 이 글을 쓰는 시점까지 살아남은 곳이 많으므로 그 유산은 남아있다고 할 수 있지만 원조는 사라지고 말았다.

그러나 또 모든 혁명은 결국 다시 반복되기 마련이다. 칵테일이 첫 황금기를 맞이했던 19세기 후반의 바텐더와 술꾼들은 아마 훌륭한 칵테일이 해를 거듭하며 끝없이 이어질 것이라고 생각했을 것이다. 그러나 그런 일은 일어나지 않았다. 우리는 이미 금주법 시대를 목격했다. 그리고 지금의 새로운 바텐더와 술꾼 세대에게는 20세기 후반과 21세기 초반의 업적은 거의 잊히거나 아예 알려지지도 않은 경우가 많다. 2021년 여름, 뉴욕 언론은 1990년대의 토템이었던 초기 칵테일 부흥기의 두 기둥인 코스모폴리탄과 에스프레소 마티니가 돌아왔다고 흥분에 가득 찬 특별 기사를 쏟아냈다. 그러나 부흥기의 베테랑은 잿빛 눈썹을 치켜 올리며 의문에 잠겼다. 이들이 사라진 적이 있었어?

이런 주기적인 망각 현상을 생각하면 최근의 성과를 기록으로 남겨놓는 것이 아주 중요하다. 칵테일 부흥기가 처음 시작될 때에는 온통 의문만이 존재했다. 누가 어떤 칵테일을 만들었는가? 언제 어디서 발명된 것인가? 이들 칵테일을 가장 맛있게 만드는 방법은 무엇인가? 어울리는 기법은 무엇인가? 어울리는 술은 무엇인가? 제대로 된 마티니나 맨해튼, 올드패션드는 어떻게 만드는가? 이런 궁금증은 어디서 풀 수 있는가?

우리는 오직 칵테일이 한때 전 세계적으로 매우 높은 평가를 받았던 미국의 발명품이라는 사실만을 알고 있었다. 그러나 그런 자랑거리를 뒷받침할 증거를 찾는 것이 어려웠다. 이를 인증할 수 있는 모든 관련 서적은 이미 절판된 상태였다. 바와 바텐더의 삶을 연대순으로 기록한 신문 기사는 도서관 어딘가에 파묻혀 있었다. 우리는 그렇게 발굴을 시작했다. 각종 레시피와 바, 믹솔로지스트, 칵테일의 역사가 수많은 실수와 오해를 해소하며 서서히 재조립되었다. 결국 끝마치기는 했지만 느리고 힘든 작업이었다.

이 책은 앞서 발간한 『어울리는 칵테일』처럼, 우리가 그 모든 사태를 다시 겪을 일이 없게 하려고 제작한 것이다. 칵테일의 부흥에 일조했던 인터넷은 이제 모던 칵테일에 대한 잘못된 정보와 부정확한 사실이 뒤범벅된 적군이 되고 말았다. 칵테일 레시피 또한 잘못된 것이 많다. 하지만 꼭 이래야만 한다는 법은 없다. 칵테일의 새로운 부흥기가 시작된 것은 아직도 상당히 최근의 일이라 충분히 발굴 가능한 신선한 역사이며, 당시의 주요 인물은 여전히 활동 중이다. 정확한 사실만 수집해서 편집하기만 하면 된다. 물론 지금도 그건 까다로운 작업인데, 술집에서 이룩한 역사는 대체로 흐릿한 락 글라스 너머로 바라본 광경이나 마찬가지이고, 바텐더의 기억 중 일부는 구겨지고 얼룩진 채로 높은 바 의자 다리 아래 깔린 냅킨에 끄적인 낙서와 같기도 하기 때문이다. 그럼에도 우리는 다음 시대의 술꾼들이 샤르트뢰즈 스위즐을 올바르게 만드는 방법을 알아내기 위해 골머리를 앓지 않도록 하기 위해 모든 것을 기록하는 데에 도전했다.

이것이 바로 이 책이 이루고자 하는 목표다. 건배!

EQUIPMENT 도구

아래 나열한 항목은 돈을 투자해서 마련할 것을 권장한다. 멋진 퍼포먼스와 정확한 계량은 좋은 칵테일을 만드는 데에 큰 도움이 된다. 현명하게 쇼핑한다면 비용이 많이 들지도 않는다. 대략 50달러 정도로 추산한다. 이 초기 비용은 이후로 수년간 충분히 우리에게 보답해줄 것이다.

글라스 이 책에 실린 다양한 레시피에서는 칵테일 글라스나 쿠프 글라스(150~180ml), 올드패션드 또는 락 글라스(120~300ml), 콜린스 글라스(300~420ml) 등을 사용한다. 항상 최소한 15분 이상 냉동실에 넣어서 차갑게 만들어야 하며 사용하기 전까지 냉동실에서 꺼내지 않아야 한다는 점을 기억하자. 잔을 미리 차갑게 하는 것을 잊었다면 빠른 해결책으로 칵테일을 만드는 동안 잔에 얼음을 채워서 차갑게 하는 방법이 있다.

기본 믹싱 글라스 칵테일 전용 믹싱 글라스가 없다면 파인트 글라스를 사용해도 좋다. 나는 철제 제품보다 투명하게 안이 비쳐 보여서 음료가 얼마나 희석되었는지 확인할 수 있는 유리 글라스를 선호한다. 많은 칵테일 용품 전문 회사에서 아름다운 유리 믹싱 글라스를 판매하고 있다. 당연히 기본 파인트 글라스보다는 비싸지만 어떤 홈 바에도 아름답게 잘 어울리고 칵테일 제조 과정에 우아함을 더해준다.

보스턴 셰이커 기본 믹싱 글라스와 철제 믹싱 통으로 구성된 분리형 셰이커로, 스터링해서 만드는 칵테일(믹싱 글라스만 필요한 경우)과 셰이킹해서 만드는 칵테일(두 부품이 모두 필요한 경우) 모두에 활용할 수 있다.

바스푼 길쭉한 바스푼(약 28cm)은 칵테일을 휘저을 때 사용한다.

지거 대부분의 지거는 용량을 두 종류 측정할 수 있도록 설계한다. 일반적으로 한쪽은 30ml, 다른 쪽은 15ml거나 한쪽은 45ml, 다른 쪽은 22.5ml로 구성된다. 요즘 믹솔로지스트는 매우 활용도가 높은 더블 지거를 만든다. 한쪽은 45ml, 다른 쪽은 30ml를 계량할 수 있다.

칵테일 스트레이너 타공성 볼이 달린 줄렙 스트레이너는 증류주만 사용하는 칵테일 전용도구다. 그러나 감귤류의 과육을 걸러내는 역할을 하는 코일 스프링이 달린 더 호손 스트레이너도 충분히 제 역할을 한다.

머들러 믹싱 글라스나 서빙용 글라스의 바닥에 과일이나 채소, 허브, 각설탕 등을 넣고 으깨서 만들어야 하는 종류의 칵테일에 필요한 도구다. 구식 나무 머들러가 가장 사용하기 적합하다.

커다란 각얼음을 만들 수 있는 얼음 트레이 또는 얼음 틀 커다란 각얼음은 주로 올드패션드나 네그로니를 변주한 음료처럼 저어서 만들어 조금씩 홀짝거리는 종류의 칵테일을 선보일 때 미학적으로나 풍미적으로나 큰 차이를 가져온다. 보통 4~5cm 크기의 대형 얼음틀은 온라인 스토어나 일반 상점에서 흔하게 구할 수 있다.

만일 추가 비용을 내더라도 특별한 제품을 구입하고 싶다면 칵테일 킹덤(www.cocktailkingdom.com)과 모던 믹솔로지스트(www.themodernmixologist.com)에서 판매하는 바 관련 제품을 추천한다. 솔직하게 공개하자면 나는 칵테일 킹덤과 협력해 올드패션드 글라스 세트를 제작하기도 했다. 재미있는 칵테일 쇼핑을 하고 싶다면 골동품이나 빈티지 제품을 다루는 가게, 가정집의 앞마당이나 차고에서 여는 중고 바자회를 찾아가면 다양한 크기와 스타일의 구식 칵테일 글라스나 쿠프 글라스 등을 구할 수 있을 것이다.

INGREDIENTS 재료

칵테일 르네상스는 양질의 스피릿과 리큐어, 비터스의 생산량을 증가시켜 수급을 용이하게 만들었다. 이제 대부분의 도시에서 홈 바텐더의 영혼이 원하는 모든 것을 충족시킬 수 있을 정도로 물품이 잘 구비되어 있는 주류 전문점을 적어도 한두 곳 정도는 찾아볼 수 있다.

얼음 칵테일을 만들 때 좋은 얼음을 사용하는 것이 얼마나 중요한지는 아무리 강조해도 지나치지 않다. 항상 신선한 얼음을 구비해야 한다. 냉동실에 이틀 이상 보관한 얼음은 음료에 사용해서는 안 된다. 버리고 얼음을 다시 얼리자. 오래된 얼음은 냉동실에 숨은 다른 냄새를 흡수한 상태다. 또한 현지의 수돗물이 음용 가능한 수준이 아니라면 얼음을 만들 때 정수기 물이나 생수를 사용하는 것이 좋다.

　칵테일을 만들 때는 얼음을 아끼지 말아야 한다. 믹싱 글라스의 거의 가장자리 부분까지 올라올 정도로 얼음을 채우자. 칵테일은 최대한 차가운 상태여야 한다.

비터스 대쉬(dash)란 병을 잡고 손목을 한 번 빠르게 흔들었을 때 나오는 만큼의 분량을 뜻한다. 하지만 다른 것보다 유난히 빨리 흘러나오는 비터스도 있으니 주의하자. 가장 유명한 브랜드인 앙고스투라 아로마틱 비터스는 누구나 칵테일 무기고에 꼭 갖추어놔야 할 재료다. 두 번째로 중요한 제품은 오렌지 비터스다. 지난 10여 년간 수많은 오렌지 비터스가 칵테일 시장에 등장했다. 그중 제일 흔한 것은 리건스 넘버 식스다. 리건스에 피 브라더스(Fee Brothers)를 섞어서 더 균형 잡힌 오렌지 비터스를 만들어내기도 한다(피건스라고 부른다). 또 다른 유명한 브랜드로 앙고스투라 오렌지 비터스가 있다. 세 번째로 중요한 비터스로는 페이쇼드를 꼽는다. 그리고 복숭아 비터스도 하나쯤 필요하다.

가니시 가니시는 비터스만큼이나 칵테일에서 중요한 위치를 차지한다. 레시피에서 요구하는 레몬이나 오렌지, 라임, 자몽, 칵테일 체리가 없다면 칵테일을 만들어서는 안 된다.

감귤류 과일은 신선하고 단단하며 깎아내서 돌돌 꼬아낼 수 있을 정도로 껍질이 충분히 있는 것을 고른다. 준비한 모든 과일은 사용하기 전에 깨끗하게 씻어야 한다. 살충제, 기타 화학 물질이 잔류하고 있을 수 있다. 돌돌 꼬아내는 감귤류 트위스트를 만들려면 우선 채소용 필러(단순한 Y자형 필러면 충분하다)로 쓴맛이 나는 하얀 중과피는 최대한 붙어 있지 않도록 외과피 부분만 깎아낸다. 칵테일 표면 위에서 껍질을 트위스트, 즉 비틀어서 감귤류의 오일이 방출되도록 한 다음 칵테일에 꽂거나 글라스의 가장자리에 얹는다. 이때 감귤류 트위스트를 글라스 가장자리에 문지르면 마실 때마다 쓴맛이 날 수 있으므로 이런 행동은 피하도록 한다.

칵테일 체리는 가게에서 사는 것보다 직접 만드는 것을 추천한다. 인터넷에 검색하면 체리 브랜디 절임 레시피를 많이 찾아볼 수 있다. 칵테일의 맛이 크게 좋아지니 직접 만들 만한 가치가 충분히 있다. 흔히 볼 수 있는 달콤한 체리 대신 여름에 짧은 기간 동안 구할 수 있는 사워체리를 사용해야 한다.

스터링과 셰이킹 '차가워질 때까지 스터링한다'는 대체로 약 15~30초간 휘저으라는 뜻이다. 셰이킹이 필요할 경우에는 10~15초간 세차게 흔든다.

심플 시럽 이 책에 실린 레시피에는 대부분 심플 시럽이 들어간다. 이는 설탕과 물을 섞어서 설탕이 녹을 때까지 약한 불에 천천히 가열한 다음 식힌 것이다. 레시피에서 설탕과 물의 비율을 따로 명시하지 않을 경우에는 설탕과 물을 동량으로 사용한다. 레시피에서 '(2:1)'이라고 명시할 경우에는 설탕과 물을 2:1 비율로 사용한다. 이 책에 실린 꿀 시럽도 비율은 동일하다. 그 외의 시럽의 경우에는 레시피를 따로 실었다.

모던 클래식 칵테일

레시피와 일화

아마레토 사워
AMARETTO SOUR

오레곤 주 포틀랜드의 클라이드 커먼에 근무하는 바텐더 제프리 모건탈러는 긴 세월을 사랑받지 못하는 음료를 지키는 수호자처럼 살아왔다. "세상에 맛없는 술은 없어요. 실력 없는 바텐더가 있을 뿐이죠." 그는 진심을 담아서 이렇게 말한다. 자신의 발언을 증명하듯 그는 그래스호퍼나 블루 하와이, 롱아일랜드 아이스티처럼 무시 받는 칵테일을 구원하기 위해 노력했다. 지금까지 그중 가장 성공적인 구조 작업은 바로 아마레토 사워다.

"나는 항상 아마레토 사워를 좋아했어요." 그가 말했다. "대학에서 가끔 마셨죠. 그러다 많은 사람들이 술을 아주 진지하게 다루기 시작하자 약간 길거리에 버려지는 신세가 되고 말았어요. 다른 바텐더들이 칵테일의 '암흑기'에 대해 이야기하는 걸 들은 기억이 나는데, 다들 당시의 칵테일이 얼마나 형편없었는지 보여주는 사례로 아마레토 사워를 언급했죠." 2009년경, 제프리는 이를 개선하기 위해 노력하기 시작했다. 아마레토 사워를 촌스러운 음료에서 훌륭한 칵테일로 탈바꿈한 제프리의 가장 큰 혁신은 양질의 오버프루프 버번*을 거의 30ml 가까이 넣는 것이다.

그는 2012년경에 본인이 운영하는 인기 블로그에 이 레시피를 올렸다. 그리고 2014년에는 용감하게 클라이드 커먼의 메뉴판에도 실었다. 하지만 이 아마레토 사워가 스타덤에 오른 것은 2014년 클라이드 커먼 아래에 문을 연 키치한 지하 바 페페 르 모코에서였다.

"아마 그래스호퍼와 더불어서 가장 잘 팔린 메뉴였을 거예요." 제프리는 이렇게 회상한다. "드디어 멋진 칵테일 바에 가서 재미있는 술을 마실 수 있게 되었다는 사실에 사람들이 안도하는 것 같았어요." 그 이후로 전 세계의 수제 칵테일 바에서는 이 아마레토 사워 레시피를 기본으로 사용하게 되었다.

아마레토 ·················· 45ml
버번(부커스 추천) ············ 22.5ml
레몬즙 ·················· 30ml
심플 시럽(2:1) ············ 1작은술
잘 푼 달걀 흰자 ············ 15ml
가니시용 레몬 트위스트
가니시용 체리 브랜디 절임

칵테일 셰이커에 가니시를 제외한 모든 재료를 넣고 드라이 셰이킹, 즉 얼음 없이 셰이크한다. 셰이커에 얼음을 넣고 다시 약 15초간 셰이크한다. 걸러서 얼음을 채운 락 글라스에 담는다. 레몬 트위스트와 체리 브랜디 절임으로 장식한다.

---

* 알코올 도수가 50%가 넘는 버번.

에인션트 마리너
ANCIENT MARINER

에인션트 마리너는 티키* 전도사인 제프 '비치범' 베리가 초기에 '트레이더 빅'이라 불리는 티키의 아이콘 빅터 베르주롱이 가장 좋아하는 칵테일인 네이비 그록을 재창조하기 위해 노력하다 만들어냈다. 이는 절대 쉬운 일이 아니다. 베리가 발굴의 여정을 시작한 1990년대 당시의 로스앤젤러스 내 티키 세상은 트레이더 빅과 그의 가장 큰 티키 라이벌인 돈 더 비치콤버의 돈 비치로 대표되는, 사라진 칵테일의 영광을 간직한 레시피를 소중히 간직하되 절대 공유하지는 않는 바텐더들의 디아스포라였다. 티키식 바텐딩은 언제나 독점적이면서 비밀스러운 기술이었기 때문에 공식적으로 출판된 레시피란 존재하지 않았다. (오직 '트레이더 빅 네이비 그록 럼'과 '트레이더 빅 네이비 그록 믹스'라는 이미 단종된 제품만을 사용하도록 지정해서 전혀 실질적으로 도움이 되지 않는 판매용 팜플렛에 실린 네이비 그록 레시피가 유일하게 남아 있을 뿐이다.) 베리는 자신만의 레시피를 만들기 위해 추측과 해체, 재조립에 의지해야 했다. 그러다 칵테일에 푹 빠진 L.A의 괴짜 친구 테드 헤이그가 하이타임 와인 셀러라는 코스타 메사의 주류 판매점에서 잘 챙겨둔 이미 단종된 레이네뷰 피멘토 드램을 발견한 덕분에 레시피의 비밀을 풀 수 있는 중요한 단서를 손에 넣게 되었다. 드램의 맛을 보는 순간 베리는 '아하!'하고 깨달았다. 자메이카 올스파이스라고도 불리는 피멘토가 바로 빅의 네이비 그록 믹스에 들어가는 비밀 향료였던 것이다. 두 베테랑 티키 바텐더인 마담 우의 토니 라모스와 티키티의 마이크 부헨이 베리의 직감을 확인해주었다.

그리고 앞서 찾은 레시피를 조금 더 손을 보면서 엄밀히 말하자면 트레이더 빅 네이비 그록이라고 할 수 없는, 베리의 재해석이 가미된 여기 실린 칵테일이 완성되었다. 꿀과 화이트 럼을 빼버린 것이다. 이 긴 여정이 마무리되기까지 수년이라는 시간이 걸렸다. "여기에 에인션트 마리너**라는 이름을 붙인 데에는 레시피를 완성할 즈음에 내가 그 정도는 늙은 기분이 들었던 것도 한몫했어요." 베리의 설명이다.

에인션트 마리너는 1994년, 베리가 직접 복사해서 잘 접어 수제 잡지처럼 스테이플러로 철한 다음 무료로 배부했던 레시피집 『그록 로그(Grog Log)』에 처음으로 등장했다. <더 로그(The Log)> 잡지는 1998년에 정식 간행물이 되었다. 그리고 10년이 지난 후 LA 다운타운 리베라의 칵테일 메뉴에 처음 올랐다. 이후 뉴욕과 보스턴, 뉴올리언스, 아테네, 멜버른의 바에서 팔리며 미스터 보스턴 바텐더 가이드와 같은 책에도 실렸다. 이제는 자체 위키피디아 항목도 있을 정도다.

데메라라 럼(엘 도라도 8년 또는 해밀턴 86
　　데메라라 리버 럼 추천) ················ 30ml
다크 자메이카 럼(코루바 오리지널 블렌드 럼,
　　애플턴 에스테이트 레어 블렌드 12년 럼,
　　마이야즈 오리지널 다크 럼 추천) ····· 30ml
라임 주스 ······························· 22.5ml
백포도 주스 ······························ 15ml
심플 시럽 ································· 15ml
피멘토 드램 ······························ 7.5ml
가니시용 민트 줄기
가니시용 라임 웨지

얼음을 절반 정도 채운 칵테일 셰이커에 가니시를 제외한 모든 재료를 넣는다. 차가워질 때까지 약 15초간 셰이크한다. 걸러서 으깬 얼음을 넣은 더블 올드패션드 글라스에 담는다. 민트 줄기와 라임 웨지로 장식한다.

---

* 폴리네시아의 문화이자 신을 뜻하는 단어. '티키 바'는 열대 지역의 따뜻하고 밝은 분위기가 특징으로 1940~1950년대 미국에서 인기를 끌었다.
** 늙은 뱃사람이라는 뜻.

아트 오브 초크
ART OF CHOKE

시카고 최초의 주요 수제 칵테일 바로 손꼽히는 더 바이올렛 아워는 개업 초기 수년간 이 바텐더 카일 데이비슨의 요행으로 인한 작품을 포함해 여러 성공적인 메뉴를 배출해냈다. 어느 날 밤 데이비슨은 럼과 비터스를 요청한 고객에게 '바텐더의 선택(결정을 바텐더에게 맡긴 고객에게 만들어주는 음료)' 주문을 받았다. 그는 화이트 럼과 치나를 섞은 다음 그린 샤르트뢰즈를 첨가하고 민트 잎으로 장식한 칵테일을 내놓았다. 이후 메뉴판에 올릴 새로운 아마로* 칵테일을 만들어달라는 요청을 받았을 때 데이비슨은, 당시에 만들었던 칵테일에서 치나와 샤르트뢰즈의 비율을 높여 럼에 산뜻한 기운을 불어넣은 다음 민트 잎을 으깨서 풍미가 더욱 두드러지게 했다. 그리고 무엇보다도 라임 주스를 첨가하면서도 셰이킹 대신 스터링 방식을 고수했다. (주스가 들어가는 칵테일은 보통 셰이크해서 만든다.)

아트 오브 초크는 한동안 현지 업계만의 비밀이었다. 그러나 데이비슨은 인기 시카고 레스토랑 퍼블리칸을 포함해 본인이 근무하는 모든 바에서 '카일의 애프터 포크(Kyle's After Pork)'라는 이름의 식후주로 고객에게 한 샷씩 제공했다. 그와 더불어 2009년 출간되어 영향력이 높았던 『Rogue Cocktails(로그 칵테일)』과 그 속편 『Beta Cocktails(베타 칵테일)』에 실리면서 아트 오브 초크에 대한 소식이 필요한 사람들, 즉 다른 바텐더들에게 알려졌다. 이후 브래드 토마스 파슨스의 인기 저서 『Amaro(아마로)』에도 등장했다.

라이트 럼	30ml
치나	30ml
라임 주스	3/4작은술
리치 데메라라 시럽(2:1)	3/4작은술
그린 샤르트뢰즈	7.5ml
민트 줄기	2개

믹싱 글라스에 민트 줄기 1개와 액상 재료를 넣고 찧는다. 얼음을 넣고 차가워질 때까지 약 15초간 스터링한다. 걸러서 얼음을 채운 락 글라스에 담는다. 나머지 민트 줄기로 장식한다.

* amaro: 보통 각종 약재와 허브 등 보태니컬들(botanicals)로 달콤 쌉싸름한 맛을 내는 리큐르의 일종.

바질 김렛
BASIL GIMLET

이 허브 풍미 사워 칵테일은 칵테일 부흥기의 중반 즈음에 샌프란시스코에서 선풍적인 인기를 끌었다. 그렉 린드그렌은 샌프란시스코에서 가장 중요한 초기 수제 칵테일 바인 라이의 소유주다. 그의 아내 셸리 린드그렌은 저명한 소믈리에다. 2005년 어느 날, 셸리는 보스턴으로 출장을 가던 중 비아 마타 레스토랑에서 으깬 바질을 넣은 보드카 김렛 칵테일을 마셨다. 셸리는 이 칵테일에 대한 이야기를 그렉에게 전했고, 그는 막 개봉한 라이 위스키를 이용해 만들어보기로 했다. 그리고 진 대신 보드카를 넣고 바질 김렛이라는 이름을 붙였다. (비아 마타에서는 조금 장황하게 바질 라임 김렛이라고 불렀다.) 그 이후로 이 칵테일은 역사적인 메뉴가 되었다.

진(주니페로 추천)	60ml
라임 주스	30ml
심플 시럽	15ml
생 바질 잎	6장

칵테일 쉐이커 바닥에 바질 잎 5장과 심플 시럽을 넣고 찧는다. 진과 라임 주스를 넣는다. 차가워질 때까지 약 15초간 셰이크한다. 고운 체에 걸러서 차가운 쿠프 글라스에 담는다. 나머지 바질 잎으로 장식한다.

벤톤스 올드패션드
BENTON'S OLD-FASHIONED

벤톤스 올드패션드와 PDT만큼 바와 칵테일이 끈끈한 유대 관계를 지니고 있는 경우도 드물다. 클래식 레시피에 베이컨 지방 풍미를 가미한 이 칵테일은, 2007년 이스트 빌리지의 스픽이지 바*에 처음 등장한 날부터 센세이션을 불러일으켰다. 바텐더 돈 리가 셰프 데이비드 장이 운영하는 인근의 레스토랑 모모후쿠에서 빌려온 벤톤스 베이컨 지방을 이용해서 만든 것이다.

"미국의 위스키와 그 지역의 다른 음식 전통을 살펴보면 훈제 고기가 언제나 그 일부를 이루고 있다는 점을 알 수 있죠." 리가 말했다. "벤톤스 올드패션드를 만들어보려고 처음 시도했을 때는 증류주로 조지 디켈 위스키를 사용했는데, 벤톤스가 테네시에서 생산되는 만큼 이왕이면 테네시산 위스키를 쓰고 싶었거든요." 하지만 당시에는 디켈을 구하기가 어려웠기 때문에 리는 결국 포 로즈 옐로 라벨 버번으로 갈아타야 했다.

리가 칵테일에 지방을 가미하는 기술을 개발한 것은 아니다. 에벤 프리먼 등 다른 바텐더도 이미 실험해본 적이 있다. 그러나 지방 주입법을 대중화시킨 계기가 된 것은 역시 벤톤스 올드패션드다.

PDT는 벤톤스 올드패션드를 메뉴에 올렸다가 순식간에 없애버렸다. 하지만 이는 잘못된 선택이었다. "벤톤스 올드패션드를 메뉴에서 뺀 이후, 그동안 이 칵테일을 마셔보았거나 읽어보았거나 친구에게 들어본 고객들이 수 주일, 수 개월이 넘도록 계속 주문을 해왔습니다." 당시 바를 운영하고 있던 짐 미한은 그때를 이렇게 회상한다. "귀찮기도 했고 다시 메뉴에 올리지 않는 것이 이상할 수준이었죠."

그 이후로 벤톤스 올드패션드는 PDT의 베스트셀러로 자리매김했다. 소유주 제프 벨에 따르면 일주일에 약 150잔이 팔려나간다고 한다. 참고로 PDT 홍콩에서도 제일 잘 팔리는 메뉴다.

"제가 관리하던 시절의 PDT 스타일과 유산을 정의하는 음료를 하나만 골라야 한다면 역시 벤톤스 올드패션드라고 말하고 싶습니다." 미한의 생각이다.

벤톤스 베이컨 지방을 주입한 포 로즈 버번
(레시피는 오른쪽 참조) ·············· 60ml
B등급 메이플 시럽 ·············· 7.5ml
앙고스투라 비터스 ·············· 2대쉬
가니시용 오렌지 트위스트

큼직한 사각형 얼음 하나를 넣은 락 글라스에 가니시를 제외한 모든 재료를 넣는다. 차갑게 식을 때까지 약 15초간 스터링한다. 오렌지 트위스트로 장식한다.

벤톤스 베이컨 지방을 주입한
포 로즈 버번

벤톤스 컨트리 베이컨에서 정제한 베이컨
지방 ·················· 45ml(부피 기준)
포 로즈 버번 ·················· 1병(750ml)

소형 냄비에 베이컨 지방을 넣고 약한 불에 올려서 약 5분간 따뜻하게 데워가며 잘 저어서 녹인다. 냉동 가능한 대형 용기에 녹인 베이컨 지방과 버번을 넣고 휘저어 섞는다. 뚜껑을 닫고 실온에서 4시간 동안 재운 다음, 냉동실에 2시간 동안 넣어둔다. 버번 표면에 굳은 지방을 걷어내서 버린다. 남은 버번을 테리 행주** 또는 이중 면포에 걸러서 병에 담는다. 냉장고에서 2개월간 보관할 수 있다.

* 금주법 시대에 알코올 음료를 판매하던 불법 시설을 뜻하던 단어로 지금은 당시의 복고풍 스타일 바를 칭한다.
** 부드럽고 흡수력이 좋은 테리 소재로 만든 행주.

BENTON'S
OLD-FASHIONED

벤톤스 올드패션드

비터 주세페
BITTER GIUSEPPE

시카고의 더 바이올렛 아워는 모던 클래식 칵테일의 원천이라는 가치를 쉬이 인정받지 못했다. 그러나 타의 추종을 불허하는 밀크 앤 허니와 페구 클럽을 제외하면, 이 책에 더 바이올렛 아워만큼 많이 실린 모던 바도 없다. 페이퍼 플레인, 이요르스 레퀴엠, 아트 오브 초크, 줄리엣 앤 로미오 모두 이 곳의 작품이며, 스티븐 콜이 만든 비터 주세페도 마찬가지다.

콜은 2007년 봄, 칵테일을 크게 즐기지 않는 셰프 주세페 텐토리를 위해 즉석에서 이 레시피를 만들어냈다. "이탈리아 출신에 도수가 낮은 칵테일을 선호하는 것을 보고, 아마 치나 기반의 칵테일이 처음 접하기에 좋을 거라고 판단했습니다." 콜의 설명이다. 그는 원래 아티초크 풍미의 이탈리아산 리큐어인 치나를 기본 베이스로 맨해튼을 만들려고 했다. 그러나 곧 이것이 '끔찍한 생각'이었다는 걸 깨닫고, 레몬 주스와 레몬 오일로 산미를 살짝 가미해 음료에 산뜻함을 더하고 전체적인 단맛에 균형을 잡았다. 그리고 오렌지 비터스를 두어 대쉬 떨어뜨려 마무리했다.

더 바이올렛 아워에서 시간을 보내던 다른 바텐더들은 천천히 비터 주세페를 받아들이기 시작했다. 그런 다음 본인들이 일하는 업장에서 선보였다. 얼마 후 콜은 미국 전역을 넘어서 프랑스와 스페인, 영국, 이탈리아에서도 메뉴판에 비터 주세페가 올랐다는 소식을 듣게 되었다.

"제 생각에 비터 주세페의 핵심은 아주 단순하면서도 풍미가 켜켜이 쌓여 있다는 점 같아요." 콜은 이렇게 설명한다. "묵직하게 시작하지만 깔끔하게 마무리되죠."

치나 ···································· 60ml
카르파노 안티카 포뮬라 베르무트
································· 22.5ml
리건스 오렌지 비터스 ················ 2대쉬
중과피가 약간 남아 있는 레몬 필
가니시용 레몬 슬라이스

얼음을 채운 락 글라스에 모든 액상 재료를 넣는다.

음료 위에서 레몬 필을 비틀어 향미 오일이 퍼지게 한 다음, 즙을 짜 11~15방울 떨어뜨린다. 스터링한다. 레몬 슬라이스로 장식한다.

블랙 맨해튼
BLACK MANHATTAN

샌프란시스코의 바텐더 토드 스미스가 맨해튼을 아주 간단하게 변주한 이 칵테일을 처음 만든 것은 2005년 코르테즈 바에서였다. 당시에는 라이 위스키로 작업하는 것이 새로운 개척지나 다름없었고, 허브 향이 나는 이탈리아산 아마로인 아베르나는 아직 낯선 술이었으며, 오렌지 비터스는 이제 막 부활한 참이었다. 그러니 블랙 맨해튼은 술꾼들에게 세 가지 의미로 신의 계시였던 셈이다. 스미스는 영향력이 컸던 스픽이지 바 버번 앤 브랜치를 열면서 여기에도 블랙 맨해튼을 가져와 인지도를 높였다. (리볼버를 포함해 버번 앤 브랜치에서 유명해진 칵테일 중에는 사실 다른 곳에서 처음 발명된 것이 많다.) 그러나 블랙 맨해튼이 보편화된 것은 2010년도 후반이 되어서였다. 지금은 미국 전역의 전문 바텐더는 물론 가정에서도 즐겨 마시는 칵테일이다.

라이 위스키	60ml
아베르나	30ml
앙고스투라 비터스	1대쉬
리건스 오렌지 비터스	1대쉬
가니시용 체리	

얼음을 반쯤 채운 믹싱 글라스에 가니시를 제외한 모든 재료를 넣는다. 차가워질 때까지 약 15초간 스터링한다. 체에 걸러서 차가운 쿠프 글라스에 담는다. 체리로 장식한다.

브램블
BRAMBLE

딕 브래드셀은 아일오브와이트에서 자란 시절에 좋은 기억이 그리 많지 않다. 그는 한시라도 지체 없이 런던으로 도피해 현대 영국 역사상 가장 유명한 바텐더로서의 경력을 시작하고 싶었다. 그러나 아일오브와이트 섬에서 자라나던 향기로운 블랙베리 밭의 기억은 남아 있었다. 프라이빗 바인 프레드 클럽에서 일하던 1990년대 초에 새로 나온 크렘 드 뮬을 시음한 순간, 어린 시절 맛본 야생 블랙베리의 기억이 밀려 들어왔다.

그는 으깬 얼음과 함께 내는 간단한 진 사워에 크렘 드 뮬 리큐어를 가미해서 칵테일 위에 15ml만 두르는 방식으로 멋진 풍미를 아낌없이 선보였다. 혹시라도 고객이 주인공인 향기를 놓칠 때를 대비해 통통한 블랙베리를 장식하는 것도 잊지 않았다. 브램블 칵테일은 프레드 클럽에서 첫 선을 보였지만, 조나단 다우니가 본인이 운영하는 회원 가입하지 않아도 들어갈 수 있는, 런던의 인기 바 매치의 메뉴에 올렸을 때 비로소 대중에 널리 공개되었다.

진 ································· 60ml
레몬 주스 ····················· 22.5ml
심플 시럽 ······················ 15ml
크렘 드 뮬 ····················· 15ml
가니시용 블랙베리
가니시용 레몬 슬라이스

얼음을 반쯤 채운 칵테일 셰이커에 진과 레몬 주스, 심플 시럽을 넣는다. 차가워질 때까지 셰이크한다. 걸러서 으깬 얼음을 채운 올드패션드 글라스에 담는다. 음료 윗부분에 크렘 드 뮬을 두른다. 블랙베리와 레몬 슬라이스로 장식한다.

브렉퍼스트 마티니
BREAKFAST MARTINI

    살바토레 칼라브레제가 그의 가장 유명한 칵테일 브렉퍼스트 마티니를 처음 생각해낸 것은 사실, 아침 식사 자리였다. 1996년의 어느 날 아침, 칼라브레제의 아내 수잔은 언제나처럼 마멀레이드를 바른 토스트를 먹고 있었다. 원체 한시도 쉬지 않아서 아침 식사를 하기 위해 잠시 멈출 생각도 없는 남편을 도저히 참아줄 수 없던 수잔은 자리에 앉아서 토스트를 한 조각만 먹어보라고 강권했다.
    "오렌지 마멀레이드의 씁쓸하고 톡 쏘는 맛이 제 미각을 가지고 놀았어요." 이탈리아 출신으로 당시 이미 런던 바텐더 현장의 베테랑이었던 칼라브레제가 그 순간을 회상했다. 그때 그는 런던 내에서도 버킹엄 궁전에서 아주 가까운 부촌에 속하는 벨그레이비어 지역의 고급 호텔인 레인즈버러의 라이브러리 바에서 일하고 있었다. "토스트를 먹은 후 저는 마멀레이드를 들고 출근해 실험을 시작했습니다."
    그는 영국적인 요리 감각을 발휘해 달콤씁쓸한 잼을 1바스푼 떠서 진 50ml와 함께 섞었다. 거기에 쿠앵트로와 레몬 주스를 15ml씩 더해서 단맛과 상쾌한 풍미를 각각 가미했다. 그리고 마멀레이드가 들어가는 것을 기념해 이 진 사워에 브렉퍼스트 마티니라는 이름을 붙였다.
    이 칵테일이 주목을 받기까지는 그리 오랜 시간이 걸리지 않았다. "매우 독특하고 드문 스타일이라 곧장 고객의 관심이 쏟아졌어요." 거의 즉각적인 반응이었다고 한다. "무려 아침 11시에 바 문을 열자마자 사람들이 주문하기 시작할 정도였죠." 브렉퍼스트 마티니는 사실상 처음부터 아침 식사용 마티니였던 셈이다.

진	50ml
큐라소	15ml
레몬 주스	15ml
영국산 오렌지 마멀레이드	1바스푼
가니시용 오렌지 트위스트	

칵테일 셰이커에 진과 마멀레이드를 넣는다. 저어서 마멀레이드를 진에 잘 녹인다. 큐라소와 레몬 주스를 넣는다. 얼음을 채운다. 차갑게 잘 섞일 때까지 약 15초간 셰이크한다. 고운 체에 걸러서 차가운 쿠프 글라스에 담는다. 오렌지 트위스트로 장식한다.

캡 캘로웨이
CAB CALLOWAY

모던 클래식 후보작

아마도 세계 최고의 공항 칵테일 바 원 플류 사우스를 오랜 시간 운영한, 애틀랜타 출신의 바텐더 티파니 바리에르는 20세기 초의 화려한 유명 밴드 리더의 이름을 딴 칵테일을 만들었다. "셰리는 캡 캘로웨이다운 스타일과 태도, 퍼포먼스를 식탁에 펼쳐 보이죠"라고 티파니는 말한다. 특히 명절 기간에 고객들이 선호하는 칵테일이라고 한다.

다크 셰리(올로로소 등) ············ 45ml
라이 위스키 ······················· 15ml
살구 리큐어 ······················· 7.5ml
드라이 베르무트 ··················· 7.5ml
앙고스투라 비터스 ················· 2대쉬
오렌지 비터스 ····················· 2대쉬
가니시용 레몬 트위스트

얼음을 절반 정도 채운 믹싱 글라스에 가니시를 제외한 모든 재료를 넣는다. 차가워질 때까지 약 15초간 스터링한다. 걸러서 얼음을 채운 락 글라스에 담는다. 음료 표면에서 레몬 트위스트를 비틀어 압착해 짠 다음 음료에 빠뜨린다.

케이블카
CABLE CAR

오늘날에는 메뉴판에 고전 맨해튼과 그 가게만의 스타일로 변주한 특별 맨해튼이 함께 올라 있는 모습을 흔하게 볼 수 있다. 하지만 1996년에는 사이드카처럼 거의 잊혀가는 칵테일을 현대적으로 재해석해 선보이는 것이 사이드카 자체를 접하는 것만큼이나 이례적인 일이었다. 그러나 토니 아부 가님은 케이블카라는 말도 안되는 변주를 고안해냈고, 이는 곧 창작자인 토니와 그 바의 시그니처 메뉴이자 스파이스드 럼을 선보이는 유일한 모던 클래식 칵테일로 자리잡았다.

"1996년도에는 '오리지널'이나 '스페셜티' 칵테일을 만들어내서 메뉴에 올리는 것이 아직 좀 특이한 일이었어요." 같은 해 샌프란시스코의 성 프란시스 드레이크 호텔 꼭대기층에 호화로운 라운지가 다시 문을 열면서, 1920년대 스타일로 꾸민 스타라이트 룸에서 수석 바텐더로 일하기 시작한 아부 가님은 당시를 이처럼 회상한다.

후에 케이블카로 자라난 발상의 씨앗은 스파이스드 럼 브랜드인 캡틴 모건사의 대표가 자사 상품을 이용한 새로운 음료의 개발을 요청하기 위해 아부 가님에게 찾아왔을 때 처음 심어졌다. 사이드카 칵테일의 팬인 아부 가님은, 이 방치된 클래식 칵테일의 베이스 주류인 코냑을 럼으로 대체하면 새로운 생명력을 불어넣을 수 있을지도 모른다고 생각했다. 그 외에 유일하게 변경한 부분은 전통적으로 잔 가장자리에는 설탕만 묻혔지만 여기에 시나몬을 추가한 것 정도였다. 하지만 이 두 가지 변화가 모든 것을 바꾸어놓았다. 케이블카 칵테일은 스타라이트 룸의 두 번째 메뉴에 오르면서 순식간에 히트했다.

"시나몬 설탕과 스파이스드 럼의 조합은 단순하면서도 훌륭한 선택이었습니다." 그 무렵에 샌프란시스코로 온 바텐더 마르코 디오니소스가 말했다. 수 년 후인 2002년에는 디오니소스가 스타라이트 룸에서 일하고 있었다. 그리고 그때까지도 케이블카의 인기는 조금도 떨어지지 않았다.

당시 아부 가님은 이미 라스베가스로 건너간 후였다. 그는 1998년부터 거대한 벨라지오 호텔과 카지노에서 여러 바를 운영했다. 1년 내내 관광객으로 들끓는 벨라지오는 케이블카를 더 많은 고객에게 선보일 수 있는 이상적인 광장이나 마찬가지였다.

캡틴 모건 오리지널 스파이스드 럼
································ 45ml
레몬 주스 ···························· 30ml
큐라소 ······························ 22.5ml
심플 시럽 ···························· 15ml
시나몬 ······························ 1작은술
설탕 ································ 1작은술
레몬 슬라이스 ······················· 1개(소)
가니시용 오렌지 트위스트

작고 얕은 그릇에 시나몬과 설탕을 잘 섞는다. 차가운 칵테일 글라스의 가장자리에 레몬 슬라이스를 문지른 다음 가장자리를 설탕 혼합물에 찍어 묻힌다. 칵테일 셰이커에 얼음을 반쯤 채우고 액상 재료를 넣는다. 차가워질 때까지 약 15초간 셰이크한다. 걸러서 준비한 글라스에 담는다. 오렌지 트위스트로 장식한다.

모던 클래식 후보작

스 수아
CE SOIR

보스턴의 바텐더 니콜 레베데비치가 근무하는 이스턴 스탠다드에는 언제나 맨해튼을 주문하는 네이트라는 단골 손님이 있었다. 니콜은 그를 즐겁게 만들기 위해서 다양한 수식어와 비터스를 활용하며 머릿속에 떠오르는 모든 변형 레시피를 시도해보기 시작했다. "어느 날 저녁, 네이트는 우리 바에서 친구 약 16명과 함께 총각파티를 하다가 마지막 술로 '내가 좋아하는 그걸 주세요' 라는 전형적인 대사를 남기고 테라스로 나갔어요." 니콜은 당시를 회상했다. "아마 시가에 약간 취했던 것 같은데 어쨌든 저는 그때 처음으로 코냑을 베이스 삼아 옐로 샤르트뢰즈로 꿀향을 더하고 치나의 쓴맛, 그리고 앙고스투라와 리건스 오렌지 비터스의 소금과 후추 같은 조합을 가미했어요." 그 결과물이 바로 스 수아다. 니콜은 계속해서 레시피를 조정해 이스턴 스탠다드의 자매 바인 호손에 가져왔다. 이곳에서 처음 접한 1840 피에르 페랑 코냑이 칵테일의 새로운 기본 베이스가 되었다. 2011년 호손의 메뉴판에 스 수아가 올랐고, 이후 단골 손님의 인기 메뉴로 자리매김했다. 단순하면서도 강하고 견고한 풍미가 잘 결합된 모습을 성공적으로 보여주는 만큼 더 많은 고객에게 선보이는 것이 마땅한 칵테일이다.

코냑(피에르 페랑 1840 오리지널 포뮬러 추천)
······································· 60ml
치나 ······························· 22.5ml
옐로 샤르트뢰즈 ··············· 15ml
앙고스투라 비터스 ············ 1대쉬
리건스 오렌지 비터스 ········ 1대쉬
레몬 트위스트

얼음을 절반 정도 채운 믹싱 글라스에 레몬 트위스트를 제외한 모든 재료를 넣는다. 차가워질 때까지 스터링한다. 걸러서 차가운 칵테일 글라스에 담는다. 칵테일 표면에 레몬 트위스트를 압착해 향을 더한 다음 버린다.

샤르트뢰즈 스위즐
CHARTREUSE SWIZZLE

초기 10여 년간의 샌프란시스코 바 세상은 퍼넷과 샤르트뢰즈가 지배했다. 자신의 감식안에 자부심을 가진 믹솔로지스트가 암암리에 즐기는 증류주로, '바텐더의 악수'*로 흔히 쓰이는 대표적인 술이었다.

마르코발도 디오니소스가 얼마나 철저한 샤르트뢰즈 투사인가 하면 이 프랑스 허브 리큐어 회사가 후원하는 샌프란시스코 칵테일 대회에 5년 연속으로 참가했을 정도다. 첫 4회에 걸쳐 그는 우승한 번, 그 외에도 2위 혹은 3위라는 성적을 거두었다. 샤르트뢰즈 전문가로 훌륭한 기록을 달성한 그는 2002년에 열린 다섯 번째 대회에는 출전하지 않을 생각이었다. 그러나 행사 주최측이 먼저 손을 내밀며 재고해주기를 요청했다.

당시 디오니소스의 응모작이 바로 샤르트뢰즈 스위즐로, 수백 년 된 유럽의 리큐어를 티키의 영역으로 끌어들인 희한한 칵테일이다. 디오니소스는 샤르트뢰즈에 파인애플 주스와 라임 주스, 민트, 넉넉한 양의 얼음, 그리고 화사한 녹색 영역으로부터 완전히 스포트라이트를 빼앗아버린 비밀 재료를 하나 첨가했다. 예전에 어디선가 흥미롭게 읽고서 기억하고 있던 향신료를 가미한 캐리비안의 시럽, 벨벳 팔레넘이었다. 팔레넘은 한때 대중적인 칵테일 재료로 쓰였지만 완전히 잊혔다가 21세기에 데일 디그로프가 이를 이용해 칵테일을 몇 개 만들고 홍보하면서 다시 등장했다.

디오니소스는 팔레넘과 흔히 럼을 이용해 만드는 얼음 혼합물로 카리브해와 관련이 깊어 당시 미국에는 잘 알려지지 않았던 형태인 스위즐을 결합시켜 심사위원의 마음을 사로잡았다. 그리고 후지 산악자전거였던 것으로 기억하는 상품을 거머쥐고 집으로 돌아갔다.

그후 샤르트뢰즈 스위즐은 10여 년에 걸쳐 서서히 세계적으로 인정받기 시작했다. 스위즐이 처음 메뉴에 오른 것은 디오니소스가 일하던 호화로운 술집인 해리 덴톤의 스타라이트 룸에서였다. 소문난 샤르트뢰즈 애호가인 덴톤은 손님에게 아낌없이 이 리큐어를 따라주기로도 유명해 선뜻 이 메뉴를 받아들였다. 이 칵테일은 꽤나 팔려나가기는 했지만 눈부신 성공을 거두지는 못했다.

샤르트뢰즈 스위즐이 유명해진 것은 클락 바에서였다. 클락 바는 2008년 유명한 셰프인 마이클 미나가 문을 연 나이트클럽이다. 수많은 언론이 주목했는데, 당시 오픈 메뉴에 샤르트뢰즈 스위즐이 올라 있었다. 그리고 2006년 개장하자마자 도시에서 가장 유명한 수제 칵테일 바로 자리잡은 버번 앤 브랜치에도 등장했다.

"마르코의 칵테일은 마을에서 가장 마구잡이로 선정한 칵테일 메뉴에나 등장할 법한 것처럼 보였죠." 칵테일 작가인 캠퍼 잉글리시는 당시를 이렇게 회상한다. "지금까지도 누군가가 샤르트뢰즈에 파인애플 주스를 섞는다고 하면, 괴짜들은 '그럼 그야말로 팔레넘 없는 샤르트뢰즈 스위즐이 되는 건가요?'하고 소리칠 수밖에 없습니다."

2010년경부터 이 칵테일은 국제적으로 퍼져나가기 시작했다. 디오니소스는 복합적인 풍미의 베이스 주류가 이 칵테일의 지속적인 인기에 일부 공헌했다고 인정한다. "샤르트뢰즈는 마법 같은 리큐어입니다." 그가 말했다. "샤르트뢰즈 스위즐은 이 리큐어의 열렬한 팬도 충분히 만족시킬 수 있지만 초심자도 매력을 느낄 만큼 맛을 적당히 순화시킨 칵테일이라고 생각해요." 그리고 만들기도 쉽다. 네 가지 재료만 마련하면 되는데다 지금은 팔레넘이 훨씬 흔해져서 그중 구하기 힘든 재료도 없다. 하지만 만들기 쉽다고 해서 맛이 단순한 칵테일인 것은 아니다.

그린 샤르트뢰즈 ················· 45ml
파인애플 주스 ··················· 30ml
라임 주스 ························ 22.5ml
벨벳 팔레넘 ······················ 15ml
가니시용 민트 줄기
가니시용 갓 간 너트메그

칵테일 셰이커에 얼음을 반쯤 채우고 가니시를 제외한 모든 재료를 넣는다. 차가워질 때까지 약 15초간 셰이크한다. 걸러서 얼음을 채운 콜린스 글라스에 담는다. 민트 줄기와 너트메그로 장식한다.

◆ 다른 바텐더가 바에 찾아오면 환대의 의미로 제공하던 술을 뜻하는 말.

CIA

1샷짜리도 클래식 칵테일이 될 수 있을까? 당연히 칵테일 르네상스에 탄생한 슈터 칵테일*은 그런 의구심을 가질 틈도 없이 클래식이 되었다. 토니아 거피의 CIA는 이탈리아의 유산이나 다름없는 아티초크 리큐어인 치나와 레어즈 본디드 애플 브랜디로 구성되어 있다. 2010년도 초반에 브루클린의 드램과 맨해튼의 플래티론 라운지에서 바텐더로 일했던 거피는, 페르넷 브랑카를 너무 많이 마셔서 변화가 필요하다는 매우 믹솔로지스트다운 이유로 새로운 칵테일을 만들어냈다.

"원래 페르넷 대신 치나 샷을 쓰고 싶었지만 솔직히 말해서 제가 원하는 만큼의 효과가 나지는 않았어요. 제가 좋아하는 레어즈 본디드는 도수가 충분히 높으니까, 치나에 레어즈를 더해서 매력적인 충격을 가미해보자고 어느 날 밤 결심하게 되었죠. 말도 안 되게 맛있었어요." 거피에게 슈터 칵테일을 만들어내는 것은 전혀 거부감이 드는 일이 아니었다. "클럽 바에 다니던 초창기 시절에는 아마 레드헤드 슬럿 샷(예거마이스터, 복숭아 슈냅스, 크랜베리 주스)을 1000잔은 넘게 따라주고 마셨을 거예요." 거피가 말했다. "아마 그때부터 근본적인 영감을 받았던 것 같아요." 그는 결과적으로 여기에 앙고스투라 비터스를 한 대쉬 떨어뜨리며 레시피를 완성했다.

하지만 아무리 맛있다고 해도 칵테일 바 메뉴에 슈터 칵테일을 넣지 않는 곳이 많다. 그래서 처음에는 다른 바에서 근무를 끝내고 드램에 모여든 동료 바텐더에게 거피가 따라주는 칵테일로 '바텐더의 악수'로서 어둠의 명성을 쌓기 시작했다. "저렴하고 만들기 쉬우면서 풍미는 가득하니 완벽했죠." 거피가 말했다. (거피는 원래 이 칵테일을 드램 샷이나 아마로와 앙고스투라, 애플잭의 첫글자를 따 트리플 A라고 불렀다. CIA라는 이름은 'Cynar In Applejack'의 준말로 아모리 아마르고의 바텐더 소더 티그가 지어주었다.)

거피와 드램의 동료 바텐더가 뉴올리언즈와 보스턴, 필라델피아의 바를 방문해 주문하면서 소문은 더더욱 퍼져나갔다. 이들이 방문한 바에는 대부분 이 세 가지 재료가 모두 갖추어져 있었기 때문에 주문하기도 쉬웠다. 거피는 어느 날 샌디에고의 한 바를 방문했다가 바텐더가 CIA를 따라주며 이 칵테일에 대해 들어본 적이 있느냐고 묻는 순간, CIA가 어느 정도 명성을 얻었다는 사실을 깨달았다. "내가 만들어낸 거라고 말해도 믿는 사람이 아무도 없어요." 거피는 이렇게 말한다.

치나	15ml
레어즈 본디드 애플 브랜디	15ml
앙고스투라 비터스	1대쉬

샷 글라스에 재료를 차례차례 담아서 낸다.

---

* 1샷짜리 1잔으로 이루어져 한입에 마시는 칵테일.

콥스 리바이버 넘버 블루
CORPSE REVIVER NO. BLUE

장난으로 만든 칵테일이 클래식이 될 수 있을까? 톰 콜린스가 시내를 돌아다니며 당신의 험담을 늘어놓고 있는가?* 하비 월뱅어가 대통령에 출마한 적이 있는가?**

다시 말해서, 그렇다, 가능하다.

2006년, 뉴질랜드 출신의 바텐더 제이콥 브라이어스는 퀸스타운에서 열리는 칵테일 대회를 준비하고 있었다. 준비 기간 동안 경쟁자인 바텐더 한 명이 미국 금주법 이전 시대의 칵테일인 콥스 리바이버 넘버 투에 집착한 나머지 온 동네를 돌며 주문을 하고 다녔다고 한다. 그 와중에 브라이어스는 대회용 증류주를 잘못 주문해서 블루 큐라소 두 상자를 받고 말았다. 그때 브라이어스는 페이스북에서 스스로 '파란색 음료를 배척하는 운동가'라고 지칭하는 강경한 믹솔로지스트 무리가 활동하던 모습을 떠올렸다.

당시에는 칵테일 바텐더의 뛰어난 유머 감각이 별로 알려져 있지 않았다. 이런 뜨거운 논쟁거리에는 한숨 돌릴 여유가 필요하다고 생각한 브라이어스는 여분의 블루 큐라소를 챙겨들고서 대회 마지막 날 저녁에 기본적으로 같은 음료지만 색상만 다른 콥스 리바이버 넘버 블루를 만들어냈다.

브라이어스의 재치 있는 반격은 곧바로 큰 호응을 이끌어냈다. "사람들은 파란색 음료를 싫어하거나, 적어도 파란색 음료를 좋아해서는 안 된다고 생각하기도 합니다." 브라이어스는 당시를 이렇게 회상한다. 마치 디스코 음료처럼 보이지만 황금기 시대의 맛이 나는 칵테일인 것도 인기에 일조했다.

최초로 이 칵테일을 브라이어스에게 대접한 사람은 멜버른에 있는 1806 바의 세바스티안 래번이다. 얼마 지나지 않아 이 칵테일은 뉴질랜드와 호주 전역으로 퍼져나갔다. 1년 후에는 바에서 이 칵테일을 주문할 때마다 페이스북에 브라이어스가 태그되었다. 호주와 영국 사이에 바텐더의 기술에 대해 자유로운 교류가 이루어지고 있던 덕분에 이 칵테일은 런던으로 빠르게 건너왔고, 밀크 앤 허니만큼이나 찬사를 받는 곳에서 멋지게 등장했다.

브라이어스는 풍미나 구조 면에서는 새로운 것이 없는 음료라고 정확하게 지적한다. 이 칵테일의 역할은 행동 지침에 더 가깝다. 바텐더로 하여금 자신의 장인 기술을 진지하게 발휘하면서 동시에 재치를 가미할 수도 있다는 점을 상기시키는 것이다.

진	30ml
릴렛 블랑	30ml
블루 큐라소	30ml
레몬 주스	30ml
압생트	1대쉬
가니시용 레몬 트위스트	

얼음을 반쯤 채운 칵테일 셰이커에 가니시를 제외한 모든 재료를 넣는다. 차가워질 때까지 약 15초간 셰이크한다. 걸러서 차가운 쿠프 잔에 담고 레몬 트위스트로 장식한다.

---

* 친구에게 칵테일 이름인 '톰 콜린스'가 바에서 당신의 험담을 하고 있다고 말해 바텐더에게 톰 콜린스가 누구냐고 묻게 만드는 1874년에 유행한 놀이를 빗대어 하는 말.
** 1972년 미국의 대통령 선거에서 공식 후보에게 투표하고 싶지 않은 유권자가 '하비 월뱅어' 칵테일 이름을 써서 투표한 사건을 빗대어 하는 이야기.

코스모폴리탄
COSMOPOLITAN

칵테일 부흥기의 궤도를 살펴보면 코스모폴리탄은 이 책에 실린 대부분의 칵테일, 즉 21세기에 탄생한 신생 칵테일 등이 속한 범위를 아득히 벗어난다. 코스모폴리탄이 탄생한 것은 1988년의 일이다. 하지만 역사가 꽤나 오래되었음에도 불구하고 다음 두 가지 이유로 모던 클래식이라 평가받는다. 관대하게 보면 최근이라고 할 수 있는 시대에 등장한 것 중에 가장 유명한 칵테일이고, 대부분의 사람들이 '위대한 미국산 혼합 음료'가 죽었는지 살았는지 신경도 쓰지 않던 시절에도, 칵테일이라는 개념이 유의미하게 명맥을 유지하도록 도운 칵테일이기 때문이다.

바텐더 토비 체키니가 이 단순한 사워 칵테일을 만들어낸 것은, 문학계의 브랫 팩* 덕분에 마을에서 가장 인기 있는 음식점이었던 오데온의 직원에게 교대 시간에 마실 휴식용 음료로 제공하기 위해서였다. 앱솔루트 시트롱(당시에는 지금처럼 가향 보드카가 흔하지 않았다)의 등장과, 동명의 맛 없는 음료가 샌프란시스코 집단에 퍼진다는 소식이 그에게 영감을 주었다. 그리고 코스모폴리탄은 생각보다 빠르게 인기를 얻었다. 레인보우 룸 바에서 데일 디그로프가 선보인 것이 도움이 되었다. <섹스 앤 더 시티>의 중심에서 홀리 골라이틀리** 워너비 4인조가 입맛을 다시는 칵테일로 선택받은 것은 말할 것도 없다. 그러다 고급 칵테일 문화가 유행하면서 코스모폴리탄은 고리타분한 옛 세대의 유물 취급을 받았다. 그러나 시간이 흐르면서 젊은 바텐더들은 더 이상 거만하게 굴지 않고 '사람들이 원하는 것을 제공하라'는 미국 기업가 마셜 필드의 시대를 초월한 조언에 귀를 기울이기 시작했다.

한 칵테일이 대성공을 거두면 흔히 그렇듯이 수많은 선취 특권 횡령자들이 코스모폴리탄을 만들어낸 것은, 자신이라고 앞다투어 주장했다. 그 결과 어디서든 코스모폴리탄의 역사를 논할 때는 대체로 이 기원에 대한 '논쟁'을 언급한다. 칵테일 역사에 있어서 이처럼 양측 학파의 이야기를 동시에 존중하는 것은, 대중에게 정치 저널리즘과 같은 접근 방식을 취하는 것이나 다름없다. 체키니는 현재 브루클린에 있는 롱 아일랜드 바의 소유주다. 그곳의 메뉴판에는 코스모폴리탄이 없다. 하지만 만약을 대비해서 바 뒤에 크랜베리 주스를 보관하고 있다.

앱솔루트 시트롱 보드카 ·········· 60ml	얼음을 반쯤 채운 칵테일 셰이커에 가니시를 제외한 모든 재료를 넣는다. 차가워질 때까지 약 15초간 셰이크한다. 걸러서 차가운 쿠프 글라스에 담는다. 레몬 트위스트로 장식한다.
쿠앵트로 ································ 30ml	
라임 주스 ······························ 30ml	
오션 스프레이 크랜베리 칵테일 ································ 30ml	
가니시용 레몬 트위스트	

---

* 1980년대 미국에서 집필보다 바에서 술을 마시는 시간이 많다는 비평을 받은 젊은 작가 무리를 칭하는 말. 오데온 바에 자주 방문했다고 한다.

** 영화 <티파니에서 아침을>에 등장하는 주인공 여성의 이름으로, 여기서는 <섹스 앤 더 시티> 드라마 주인공 4인방이 동경하는 대상이라는 뜻이다.

데스 플립
DEATH FLIP

데스 플립은 술집에서의 대화가 아직도 매력이 넘친다는 증거다. 2010년 멜버른에 있는 블랙 펄 바의 메뉴에 처음으로 이 칵테일이 등장했을 때는 들어가는 어떤 재료도 기재되어 있지 않았다. 고객이 여기에 무엇이 들어가는지 물어봐도 바텐더는 알려주지 않는다. 무엇을 마시게 될지 조금이라도 힌트를 달라고 하면 들을 수 있는 말은 '어두운 골목에서 이 칵테일과 마주치고 싶지는 않을 겁니다'였다.

당연히 수많은 사람들이 미끼를 물었고, 그중 대다수가 칵테일을 마시고 마음에 들어했다. 블랙 펄이 그 속에 들어가는 재료를 공개했다면 일어나지 않았을 일이다. 데킬라와 옐로 샤르트뢰즈, 예거마이스터에 달걀 하나가 통째로 들어갔기 때문이다. 이 모든 재료가 섞인 완성품은 상당히 위협적이었다.

"어떤 느낌이었는지 알겠죠?" 데스 플립을 만들게 된 계기를 설명하던 크리스 하이스테드 아담스가 말했다. "젊고 감수성이 예민한 바텐더로서 좋아하는 술이라고는 데킬라와 예거마이스터, 샤르트뢰즈밖에 없었던 거예요. 그렇다면 근무 중에 고객에게 추천할 가능성이 높은 것도 데킬라와 예거마이스터, 샤르트뢰즈가 들어간 칵테일일 수 밖에 없죠."

문제는 고객은 바텐더만큼 일일이 추천하고 권해주는 바 특유의 문화를 좋아하지 않았다는 것이다. 찾아온 고객들의 소심함에 불만을 느낀 하이스테드 아담스는 본인의 취향을 더욱 밀어붙여 아예 이 증류주 세 종류가 모두 들어가는 음료를 만들어냈다. 그것이 컬트적인 추종자를 불러일으키기까지는 그리 오랜 시간이 걸리지 않았다. "한 모금 맛을 본 사람들의 그 표정을 보는 건 정말 천금과 같은 가치가 있었어요." 당시를 회고하던 하이스테드 아담스가 말했다. "들어간 재료들이 충돌하면서 그렇게 좋은 맛을 구현해 낼 줄은 몰랐던 거죠." 얼마 지나지 않아 그는 지인 바텐더로부터 본인의 바 칵테일 메뉴에 데스 플립을 올릴 수 있도록 허가해달라는 요청 메일을 받게 되었다

플립은 달걀이 들어가는 19세기 스타일의 칵테일 종류다. 하지만 이름에는 또 다른 의미가 숨어 있다. "저는 스케이드보드를 끔찍하게 못 타는데, 데스 플립*은 꽤나 효과적인 속임수 기술의 이름입니다." 하이스테드가 설명했다. "나쁜 남자 같은 칵테일에는 그에 걸맞는 나쁜 이름이 필요하니까요."

블랑코 데킬라 ·················· 30ml
옐로 샤르트뢰즈 ················ 15ml
예거마이스터 ··················· 15ml
심플 시럽 ······················ 1대쉬
달걀 ··························· 1개
가니시용 갓 간 너트메그

얼음을 반 정도 채운 칵테일 셰이커에 가니시를 제외한 모든 재료를 넣는다. 거칠게 셰이크 한다. 걸러서 사워 글라스에 담는다. 너트메그로 장식한다.

스케이트보드를 공중에서 회전시키는 플립 기술의 일종.

데모크라트
DEMOCRAT

샌프란시스코의 바텐더 존 산터는 2007년 해리 트루먼의 전기를 읽는 도중 이 하이볼 레시피를 생각해냈다. 그 책에 따르면 미국의 33대 대통령과 영부인은 매일 저녁 미주리의 집 현관 포치에서 버번 위스키 한 잔을 그대로 혹은 살짝 희석해서 마신다고 한다.

"저는 트루먼 대통령을 기리는 칵테일을 만들고 싶었는데요, 그가 불가능한 선택지에 직면해서 누구보다 어려운 결정을 내려야 했지만 극도로 과소평가된 대통령이라고 생각하기 때문입니다." 산터가 말했다. "그렇다고 그냥 잔에 따른 버번 위스키를 느닷없이 '트루먼'이라고 부르기 시작할 수 없는 노릇이었죠. 하지만 언제나 방법은 있죠. 그래서 미주리의 저녁 노을을 즐기며 마실 수 있는 훌륭한 현관 포치용 음료란 어떤 것일지 생각하기 시작했습니다. 데모크라트는 저에게 있어서 단맛이 나고 술을 가미한 홍차나 레모네이드 같은 느낌입니다. 그러니까 아놀드 파머처럼 말이죠."

버번	60ml
레몬 주스	22.5ml
복숭아 리큐어	15ml
꿀 시럽(1:1)	15ml
가니시용 레몬 휠*	
가니시용 민트 줄기	

얼음을 절반 정도 채운 칵테일 셰이커에 가니시를 제외한 모든 재료를 넣는다. 약 5초간 짧게 셰이크한다. 걸러서 자갈 크기의 얼음을 채운 콜린스 글라스에 담는다. 여분의 얼음을 넣고 빨대를 꽂는다. 레몬 휠과 민트 줄기로 장식한다.

* 과일의 단면 모양을 살려 둥글게 썬 것.

디비전 벨
DIVISION BELL

바텐더 필 워드가 2009년 그의 선구적인 아가베에 집중한 이스트 빌리지의 바이자, 그가 평생 소유한 유일한 바인 마야우엘의 개업 메뉴판에 올리기 위해 이 초기 메즈칼 클래식 칵테일을 선보였을 때는, 이미 대중에게 주목받는 창작 칵테일을 여럿 보유한 후다. (마야우엘을 개업한 이후 워드는 바 소유권을 내려놓겠다고 맹세하며 남은 여생을 기쁘게 겸손한 바텐더로 살아갔다.) 디비전 벨은 2010년대에 많은 젊은 바텐더에게 영감을 주었던 잃어버린 금주령 이전 시대의 칵테일인 라스트 워드를 상당히 간단하게 변형해 만들었다. 워드는 라스트 워드에 들어가는 진을 메즈칼로 바꾸었다. 그리고 샤르트뢰즈 대신 당시 여기저기서 인기를 얻고 있던 다방면에 쓰기 좋은 이탈리아산 비터스인 아페롤에 손을 뻗었다. 디비전 벨은 마야우엘의 고객에게 초기부터 사랑받았으며, 바의 베스트셀러 메뉴다. 이후 아가베 증류주에 관한 거의 모든 출판 서적에 이 레시피가 등장한다.

    워드는 마야우엘의 개장을 준비할 때 바의 나무 표면을 칠하며 많이 들었던 핑크 플로이드의 앨범에서 따와 칵테일의 이름을 지었다. 그가 회상하기로 지금까지 겪은 일 중 가장 스트레스가 극심했던 일이 바 개업이었다고 한다. 차가운 디비전 벨 한 잔은 그런 스트레스를 치료하는 완벽한 방법이다.

메즈칼 (델 마게이 비다 추천) ………… 30ml
아페롤 ……………………………… 22.5ml
라임 주스 …………………………… 22.5ml
마라스키노 리큐어 ………………… 15ml
자몽 트위스트

얼음을 절반 정도 채운 칵테일 셰이커에 자몽 트위스트를 제외한 모든 재료를 넣는다. 차가워질 때까지 약 15초간 셰이크한다. 걸러서 차가운 쿠프 글라스에 담는다. 음료 위에서 자몽 트위스트를 비틀어 향을 낸 다음 버린다.

얼 그레이 마티니
EARL GREY MARTEANI

오드리 손더스의 미국식 작품으로 대문자 철자를 이용해 말장난을 강조한 칵테일 얼그레이 마티니 (Earl Grey MarTEAni)*는 사실 2003년 런던의 리츠 호텔 리볼리 바에서 열린 팝업 행사에서 첫선을 보였다. 리츠 호텔의 전설적인 차 서비스에 대한 오마주로 만들어낸 칵테일이니 적절한 데뷔 장소였다고 할 수 있다.**

"차는 주로 옆에 레몬과 각설탕, 우유를 곁들여서 내죠." 손더스는 이렇게 설명한다. "저는 우유 대신 가벼운 질감이 느껴지면서 차의 탄닌감을 완벽하게 가려주는 달걀 흰자를 사용했습니다. 기술적으로 말하자면 달걀 흰자는 차의 탄닌이 레드 와인을 마셨을 때처럼 우리의 미각을 피로하게 하기 전에 이와 결합해버립니다. 가장자리에 반 정도 설탕을 묻히는 것은 전통적으로 차에 곁들이는 각설탕에서 착안한 것입니다."

얼그레이 마티니는 당시 손더스가 일하던 칼라일의 배멀먼즈 바에서 처음으로 미국 데뷔전을 치렀다. 이후 손더스가 맨해튼에서 운영하는 페구 클럽에서도 단골 메뉴로 항상 이름을 올리게 되었다.

---

* 얼그레이 홍차(tea)가 들어간 마티니라는 점에 착안해 마티니의 tea를 대문자로 쓴다는 뜻.
** 인증받은 티 소믈리에가 상주하는 영국의 리츠 호텔은 역사 깊은 우아한 애프터눈 티 서비스로도 유명하다.

얼그레이 티 인퓨즈드 탱커레이 진	
(레시피는 아래 참조)	45ml
심플 시럽	30ml
레몬 주스	22.5ml
달걀 흰자	1개 분량
가장자리용 설탕	
가장자리용 레몬 조각	
가니시용 레몬 트위스트	

차가운 칵테일 글라스 가장자리 절반 정도만 레몬 조각을 문지른 다음 설탕을 묻힌다. 칵테일 셰이커에 액상 재료와 달걀 흰자를 넣는다. 얼음을 넣지 않은 채로 가볍게 약 10초간 셰이크한다. 셰이커에 얼음을 절반 정도 채운다. 차갑게 식을 때까지 약 15초간 셰이크한다. 걸러서 준비한 글라스에 담는다. 레몬 트위스트로 장식한다.

얼그레이 티 인퓨즈드 탱커레이 진

탱커레이 진	1컵
얼그레이 찻잎	1큰술

병에 모든 재료를 넣는다. 천천히 가볍게 스터링한다. 2시간 동안 우린다. 고운 체에 걸러서 찻잎을 제거한다. 이 인퓨즈드 진은 실온에서 2일간 보관할 수 있다.

이요르스 레퀴엠
EEYORE'S REQUIEM

"딱 한 잔의 칵테일에 비터스가 얼마나 많이 들어갈 수 있을까?" 이요르스* 레퀴엠에 대해 한 잡지가 던진 의문점이다.

바텐더 토비 말로니가 만든다면 아주 많이 들어갈 수 있다. 시카고의 더 바이올렛 아워에서 초기 메뉴로 만들었던 칵테일에는 캄파리뿐만 아니라 치나와 페르넷 브랑카까지 들어간다. 다 합하면 이미 술이 60ml인데, 여기에 소량의 진과 블랑 베르무트를 날카롭게 가미한다.

"우리는 네그로니를 구성하는 요소에 있어서 제대로 한계를 초월했죠." 말로니가 말했다. "심지어 우리의 하우스 네그로니에도 진이 60ml, 스위트 베르무트가 30ml, 캄파리 15ml, 오렌지 비터스 3대쉬가 들어갑니다. 그래서 이걸 완전히 뒤집어 복합성과 씁쓸함을 n도까지 섬세하게 쌓아올린 캄파리 기반의 칵테일을 만들기로 했습니다."

예상한 대로 셰프와 바텐더들은 이 칵테일에 푹 빠져들었다. 해당 잡지의 기사가 지적했듯이 이는 '마니아를 위한' 칵테일이다. 그러나 변주 네그로니와 아마리가 인기를 끌기 시작하면서 이요르스 레퀴엠 또한 주문이 더욱 많이 들어오게 되었다.

그러나 말로니는 지금 돌이켜보면 이름을 잘못 지었을 수도 있다고 생각한다. "사랑받는 동화책의 등장인물을 따서 칵테일의 이름을 짓는 것은 일종의 미끼이자 스위치죠. 이요르는 귀엽지만 동시에 우울한 캐릭터예요. 하지만 이 칵테일은 전혀 귀엽지 않아요."

* 이요르는 동화 『곰돌이 푸』에 나오는 우울한 분위기의 당나귀 캐릭터.

캄파리	45ml
돌린 블랑 베르무트	30ml
진	15ml
치나	7.5ml
퍼넷 브랑카	7.5ml
앙고스투라 오렌지 비터스	1대쉬
리건스 오렌지 비터스	1대쉬
가니시용 오렌지 트위스트	

얼음을 절반 정도 채운 믹싱 글라스에 가니시를 제외한 모든 재료를 넣는다. 차가워질 때까지 약 15초간 스터링한다. 걸러서 차가운 쿠프 글라스에 담는다. 오렌지 트위스트로 장식한다.

엘리슨
ELLISON

뉴욕 이스트 빌리지에 있는 자그마한 칵테일 바 블루 오울의 음료 담당자 찰스 하드윅은 소설가 랄프 엘리슨과 21세기 초에 출시된 독특한 스코틀랜드산 진으로 당시 칵테일 바텐더들이 푹 빠졌던 헨드릭스 진의 팬이었다. 두 가지 열정을 조합한 결과가 2006년 탄생한 엘리슨으로, 사우스사이드 칵테일에 으깬 오이를 섞어서 헨드릭스 진 특유의 오이 풍미가 두드러지도록 변형해 만들었다. (헨드릭스는 그 전까지는 핌스 컵* 외에는 믹솔로지에 있어서 크게 활용된 적이 없었던 재료인 오이를 가미한 칵테일 열풍 초기 시대의 결과물이라고 할 수 있다.)

"순식간에 모두에게 인기를 끌었어요." 하드윅은 당시를 이렇게 회상한다. "그 전까지는 남녀노소에 밀레니엄 세대, 바텐더, 그 외 모든 손님이 좋아하는 광범위한 매력을 발휘하는 음료라고는 한 번도 본 적이 없었죠." 그 이후로도 하드윅은 그릴과 오피스를 포함해 뉴욕 최고의 바에서 일했다. 하지만 하드윅의 가장 유명한 창조물은 초기에 만든 이 엘리슨이다. "지금도 제 경력에서 매우 중요한 위치를 차지하는 음료라고 생각해요." 그가 말했다. "그리고 특정 음료의 스타일과 시대상, 장소를 아주 제대로 대표하는 칵테일이기도 하죠."

진(헨드릭스 진 추천)	45ml
라임 주스	22.5ml
심플 시럽	15ml
앙고스투라 비터스	2대쉬
민트 잎	4~5장
얇게 저민 오이 슬라이스	6장

칵테일 셰이커 바닥에 라임 주스와 심플 시럽, 민트 잎, 오이 슬라이스 3장을 넣고 찧는다. 진과 비터스를 넣는다. 얼음을 넣는다. 차가워질 때까지 약 15초간 셰이크한다. 고운 체에 걸러서 차가운 칵테일 글라스에 담는다. 나머지 오이 슬라이스 3장으로 장식한다.

---

* 진 기반 리큐어인 핌스 넘버 원에 레모네이드, 허브 등을 섞어 만드는 클래식 칵테일.

피츠제럴드
FITZGERALD

    1980년대의 레인보우 룸을 재탄생시킨 레스토랑계의 거장 조 바움은 음료 메뉴에 변주 칵테일을 넣는 것을 좋아하지 않았다. 하지만 그렇다고 고객이 헤드 바텐더인 데일 디그로프에게 맞춤형 칵테일을 만들어달라고 요청하는 것을 막지도 않았다. 그렇게 한 손님이 메뉴에 오르지 않은 맛있는 칵테일을 받으면 낌새를 눈치챈 다른 손님도 그것을 마시고 싶어했다.

    1995년의 어느 날 밤, 피로에 지친 진토닉 손님이 디그로프에게 조금 더 생기 어린 느낌의 칵테일을 만들어달라고 요청했다. 디그로프는 진과 레몬 주스, 심플 시럽으로 기본 진 사워를 만든 다음 가볍게 셰이킹한 앙고스투라 비터스를 더했다. 그리고 다시 셰이킹한 다음 레몬 휠 가니시로 장식해 온더락으로 냈다. 맛을 본 손님은 똑같은 걸 다시 만들어 달라고 수 차례 반복해서 주문했다.

    곧 다른 고객들도 '그 진 어쩌고'를 달라고 요청하기 시작했다. 1995년 여름 내내 이 칵테일이 센세이션을 일으킨 결과, 디그로프는 결국 메뉴에 정식으로 편입시키기로 결정했다. 메뉴판에는 이미 헤밍웨이 다이키리가 올라 있었다. <뉴요커>의 작가였던 바의 한 단골손님은 새로운 음료의 이름은 헤밍웨이의 동시대 문학적 경쟁자였던 스콧 피츠제럴드에서 따와야 걸맞다고 주장했다. 그 결과 피츠제럴드가 탄생하게 되었다. (디그로프의 설명에 따르면 메뉴판에 소설가 두 명의 이름이 올라 있는 것이 고객과 담소를 시작하게 만드는 좋은 이야깃거리가 된다고 한다.) 미디어 또한 곧 새로운 음료에 주목했고, 이후 디그로프가 2002년 출판한 저서 『The Craft of the Cocktail(칵테일의 기술)』에 피츠제럴드를 올렸을 때 비로소 전 세계가 그 비밀을 알게 되었다.

    피츠제럴드는 아직도 전 세계의 바에서 널리 인기를 누린다. 하지만 진정한 피츠제럴드 칵테일의 본고장을 찾고 싶다면 고향인 세인트 폴, 그리고 그와 이웃한 도시 미니애폴리스를 방문해보자. 이 두 도시에서 피츠제럴드를 자랑스럽게 내놓지 않는 칵테일 바는 없다고 봐도 된다.

진 · · · · · · · · · · · · · · · · · · 45ml
심플 시럽 · · · · · · · · · · · · · 30ml
레몬 주스 · · · · · · · · · · · · · 22.5ml
앙고스투라 비터스 · · · · · · 2대쉬
가니시용 레몬 슬라이스

얼음을 절반 정도 채운 칵테일 셰이커에 가니시를 제외한 모든 재료를 넣는다. 차가워질 때까지 약 15초간 셰이크한다. 걸러서 차가운 락 글라스에 담는다. 레몬 슬라이스로 장식한다.

프렌치 펄

FRENCH PEARL

오드리 손더스가 2005년부터 2020년까지 운영한 뉴욕 바 인 페구 클럽의 핵심 임무 중 하나는 고객의 뿌리 깊은 음주 습관을 바꾸거나, 최소한 고객에게 새로운 칵테일과 증류주를 선보이는 것이었다. 2006년 당시에는 미국 내에서 진이나 파스티스의 매력을 아는 사람이 거의 없었다. 이 문제에 대한 손더스의 다소 직관적이지 못한 해결책은 라임 주스와 심플 시럽, 민트 잎을 더한 셰이킹 칵테일에 진과 파스티스를 같이 넣어버리는 것이었다.

프렌치 펄이라는 이름은 1800년대 후반에 프랑스에서 파스티스가 크게 인기를 끈 것, 그리고 파스티스를 글라스에 따랐을 때 불투명하게 변하며 유백색으로 빛나는 것에서 유래한 것으로, 손더스는 파스티스의 이러한 변화를 칵테일의 '가니시' 역할로 만들었다.

2006년 봄, 페구 클럽의 메뉴판에 처음으로 프렌치 펄이 올랐다. 이 책에서 앞서 소개한 진진 뮬과 올드 쿠반을 포함해 손더스의 모히토 탐색 라인업 중 하나였다. 프렌치 펄이 인기를 끌기까지는 시간이 조금 더 걸렸는데, 손더스가 바를 운영하느라 너무 바쁜 나머지 이를 국제적으로 홍보하기 위해 여행할 시간이 없었기 때문이다. 그러나 열렬한 추종자가 있었고, 수년에 걸쳐 천천히 타오른 팬층이 그 성과를 거두어 뒤늦게나마 명성을 얻었다.

진	60ml
라임 주스	22.5ml
심플 시럽	22.5ml
페르노드	7.5ml
민트 잎	6장

칵테일 셰이커에 라임 주스와 심플 시럽, 민트 잎을 넣는다. 민트 잎을 가볍게 찧는다. 진과 페르노드, 얼음을 넣는다. 차가워질 때까지 약 15초간 셰이크한다. 고운 체에 걸러서 차가운 쿠프 글라스에 담는다.

진 바질 스매시
GIN BASIL SMASH

독일에서 탄생한 가장 유명한 모던 클래식 칵테일은 2007년의 어느 날 밤 함부르크의 스픽이지 바인 르 라이언의 소유주 요에르그 마이어가, 뉴욕 최고의 칵테일 바인 페구 클럽에서 칵테일을 마시던 순간 탄생의 전조를 맞이했다. 마이어는 버번과 심플 시럽, 레몬 주스에 찧은 민트를 섞어 만드는 데 일 디그로프의 위스키 스매시를 주문했다. 이 칵테일은 즉시 마이어의 마음에 날아와 박혔다.

그 다음 해 독일로 돌아온 마이어는 한 산업 워크숍에서 프랑스산 진인 지바인의 브랜드 담당자가 건네준 레시피 책자를 훑어보았다. 그때 책에 실린 특이한 바질 가니시가 그의 눈길을 끌었다. 그날 저녁 마이어는 습관처럼 근처 카페 파리에서 에스프레소를 마시며 저녁 근무를 시작했다. 그가 종종 셰프와 이야기를 나누면서 르 라이언에서 실험할 재료들을 빌려가는 곳이다. 그날 저녁, 마이어는 디그로프의 위스키 스매시에 들어간 민트와 지바인의 책자에 실린 바질 가니시를 떠올리며 신선한 바질을 한 다발 집어들었다. 그리고 먼저 스매시의 공식을 따라 버번으로 처음 만들어보았다. 그러나 전혀 맛있지 않았다. 그래서 진으로 다시 만들어본 결과, 짜잔!

그 이후로 수년간, 칵테일 자체의 타고난 매력과 마이어의 박식한 칵테일 블로그인 더 비터스 블로그의 포스팅, 그리고 마이어의 타고난 자기 홍보 재능이 결합되며 진 바질 스매시는 독일에서 큰 히트를 쳤다. 얼마 지나지 않아 국경을 넘어 다른 나라에서도 선보이기에 이르렀다. 2012년, 마이어는 바 외부에 '진 바질 스매시의 발상지'라는 글자를 써넣었다.

마이어는 르 라이언에서 매주 300~500잔, 연간 22,000잔의 진 바질 스매시를 팔았고, 이 바에서 매년 소비하는 진은 3,100병에 이르렀다. 진 바질 스매시가 너무나 온 사방에서 흔하게 팔려나간 나머지 한 바텐더는 이를 '마이어의 저주'라고 부르기도 했다. 바텐더는 찧어서 만드는 칵테일을 귀찮아하기 때문이다.

진	60ml
레몬 주스	30ml
심플 시럽	22.5ml
바질 잎	2줄기

칵테일 셰이커 바닥에 1줄기 분량의 바질 잎을 넣고 찧는다. 다른 재료를 넣고 얼음을 가득 채운다. 차가워질 때까지 약 15초간 셰이크한다. 이중으로 걸러서 얼음을 채운 락 글라스에 담는다. 나머지 바질 잎으로 장식한다.

진 블라썸

GIN BLOSSOM

2009년, 줄리 라이너가 이후 인기 명소가 된 브루클린 칵테일 바인 클로버 클럽을 열 준비를 하던 당시, 엄밀히 말해 원조 맨해튼과 마티니와는 다른 이곳만의 특별한 맨해튼과 마티니를 선보이고 싶었다. 그 결과 전자는 슬로프가, 후자는 진 블라썸이 되었다. 두 칵테일을 구분하는 핵심 성분은 오직 한 가지 풍미, 살구뿐이다.

미네소타에 거점을 둔 수입업체 하우스 알펜즈의 에릭 시드는 라이너에게 시장에 막 출시된 살구 오드비와 살구 리큐어를 소개했다. 라이너는 둘 다 아주 훌륭해서 클래식 칵테일 레시피를 변주할 때 사용하기 좋겠다고 생각했다.

라이너는 자신이 운영하는 맨해튼 칵테일 바인 플래티론 라운지에서 진 블라썸을 만들어내는 실험을 거듭했다. 친구와 동료의 테스트를 거치며 수없이 많은 진과 베르무트, 비터스의 조합을 만들고 확인하고 고쳤다. 그 결과 최종 레시피는 진과 베르무트라는 고전적인 조합에, 한두 가지 재료를 미량만 첨가하는 오랜 전통과 같은 초기 칵테일 역사로 거슬러 올라간 방식으로 마무리되었다.

진 블라썸은 고객에게 즉각적으로 인기를 끌었다. 초기의 팬 중에는 이 칵테일을 만든 사람과 아주 가까운 지인도 있었는데, 바로 클로버 클럽의 공동 소유주이자 라이너의 아내인 수잔 페드로프였다. 원래 크게 기대하지 않고 맛을 보았다고 한다. "저는 진을 그리 즐기지 않아요. 위스키를 좋아하죠." 페드로프가 말했다. "하지만 진 블라썸은 공식적으로 제가 매우 좋아하는 칵테일 중 하나예요."

그뿐만이 아니었다. 개업 초기에 페드로프는 하루가 끝날 때마다 클로버 클럽의 매상 현황을 확인하는 습관이 있었다. "온통 진 블라썸과 데빌드 에그로 뒤덮여 있었어요." 페드로프가 당시를 회상하며 말했다.

플리머스 진 ·························· 45ml
마티니 비앙코 베르무트 ············ 45ml
살구 오드비 ························· 22.5ml
오렌지 비터스 ······················· 2대쉬
가니시용 오렌지 트위스트

얼음을 절반 정도 채운 믹싱 글라스에 가니시를 제외한 모든 재료를 넣는다. 차가워질 때까지 약 15초간 스터링한다. 걸러서 차가운 쿠프 글라스에 담는다. 오렌지 트위스트로 장식한다.

진진 뮬
GIN-GIN MULE

이 칵테일은 진의 입장에서 보자면 초창기 진의 지지자였던 오드리 손더스의 최고의 업적이다. 기본적으로 모히토(럼 칵테일)와 모스코 뮬(보드카 칵테일)을 섞은 것이지만 진으로 만든다. 또한 21세기에 접어들면서 어디에나 존재하게 된 모히토가 바텐더에게 미친 광범위한 영향을 보여주기도 한다.

"데일 디그로프가 저에게 앙고스투라 한두 대쉬를 첨가한 고전적인 칵테일 레시피를 보여주었어요." 손더스는 이렇게 말한다. "신선한 허브를 넣은 칵테일이 있다니, 누가 알았겠어요? 와, 정말 놀라웠어요. 나에게 있어서 모히토의 기본인 민트와 라임은 그야말로, 실로 즐거운 조합이었답니다. 당시 나는 진에 푹 빠져 있었어요. 그래서 럼 대신 진을 넣으면 어떤 맛이 날지 확인해봤죠."

손더스는 자신이 바를 담당하던 미드타운 맨해튼 레스토랑인 비콘의 주방 직원에게 수제 진저 비어 레시피를 얻었다. "이미 설탕이 많이 들어간 칵테일이라 조절해야 했어요." 어차피 칵테일에 이미 심플 시럽을 넣고 있었다며 손더스가 설명했다. 진진 뮬은 2000년 비콘에서 첫 선을 보였다. 그리고 이후 로어 맨해튼에 문을 연 손더스의 칵테일 바 페구 클럽의 대표 메뉴로 자리잡았다.

(손더스는 이 칵테일의 핵심은 수제 진저 비어라고 생각하는데, 시판 진저 비어는 생강 맛보다 매운맛이 강하고 당도가 너무 높은 편이기 때문이다. 그러니 진저 비어를 직접 만드는 것도 그만한 가치가 있다. 꼭 시판 진저 비어를 사용해야 한다면 칵테일 레시피에 들어가는 심플 시럽을 15ml 이하로 줄이도록 한다.)

탱커레이 진	52.5ml
심플 시럽	30ml
수제 진저 비어(레시피는 오른쪽 참조)	30ml
라임 주스	22.5ml
민트 줄기	2개
가니시용 라임 휠	
가니시용 당절임 생강	

칵테일 글라스 바닥에 심플 시럽과 라임 주스, 민트 줄기 1개를 넣는다. 잘 찧는다. 진과 진저 비어를 넣고 얼음을 반 정도 채운다. 차가워질 때까지 약 15초간 셰이크한다. 걸러서 얼음을 채운 하이볼 글라스에 담는다. 나머지 민트 줄기와 라임 휠, 당절임 생강으로 장식한다. 빨대를 함께 낸다.

진저 비어

정수	940ml
곱게 다진 날생강	120ml
황설탕	30ml
라임 주스	15ml

냄비에 물을 붓고 한소끔 끓인다. 푸드 프로세서에 생강을 넣는다. 생강이 잘 갈리도록 끓는 물 1컵을 붓는다. 굵게 간다. 물이 끓는 냄비에 간 생강을 붓고 불에서 내린다. 잘 저어서 뚜껑을 닫고 1시간 동안 우린다. 고운 깔때기형 체나 면포에 붓고 생강을 꾹꾹 눌러서 최대한 즙을 짜낸다. 황설탕과 라임 주스를 넣어서 잘 섞는다. 그대로 식힌다. 유리병에 담아서 냉장 보관한다. 진저 비어는 2주일간 보관할 수 있다.

골드 러시
GOLD RUSH

T. J. 시걸이 만들어낸 골드 러시는 모던 칵테일 바의 성지인 밀크 앤 허니에서 최초로 선보인 오리지널 칵테일이다. 시걸이 사실 바텐더가 아니라는 점을 고려하면 실로 놀라운 업적이라 하지 않을 수 없다. 사실 그가 골드 러시를 떠올린 것은 밀크 앤 허니의 바 뒤에서 일할 때가 아니라 그 바에 앉아 있던 2000년 어느 날이었다.

"저는 미드타운에서 긴 교대 근무를 마친 참이었어요." 시걸이 말했다. "그 전에 수많은 밤을 그렇게 보냈듯이 자리에 앉아서 달걀도 가니시도 아무것도 첨가하지 않은 버번 사워를 온더락으로 주문했죠." 밀크 앤 허니의 설립자이자 시걸의 어릴 적 친구인 사샤 페트라스케는 그에게 꿀 시럽을 이용해서 허니서클 칵테일(기본적으로 꿀로 만든 다이키리)이라는 옛날 칵테일을 만들어본 이야기를 들려주었다. 시걸은 그에게 심플 시럽 대신 꿀 시럽을 넣어서 버번 사워를 만들어달라고 부탁했다. 사용한 버번은 노브 크릭이었다. 나중에는 일라이저 크레이그 12년을 쓰게 되었다.

"처음 맛보자마자 바로 이거라는 걸 알았어요." 시걸이 당시를 회상하며 말했다. 그는 칵테일에 골드 러시라는 이름을 붙였다.

당시 밀크 앤 허니는 메뉴판이 없기로 유명했다. 칵테일 주문은 직원과 고객 간의 대화를 통해 이루어졌다. 얼마 지나지 않아 위스키 애호가에게는 골드 러시를 흔히 추천하게 되었다. 그 결과 2002년 초반에는 골드 러시가 바의 필수 메뉴로 자리잡았다.

이 칵테일의 핵심인 감미료는 단순한 꿀이 아니다. 꿀 시럽은 그냥 간단하게 재료를 동량으로 섞어서 만들지 않는다. 꿀과 물을 3:1로 섞은 진한 시럽이다. 그 결과 골드 러시는 너무나 부드럽고 깊은 풍미를 선보이는 위스키 사워 계열 칵테일로서 아직 수제 칵테일의 미식적 가능성에 대해 큰 관심이 없던 수많은 사람에게 '아하!' 하는 깨달음을 주었다.

이후 골드 러시는 또 다른 위스키 사워의 변주 칵테일인 페니실린에 밀려 밀크 앤 허니의 가장 유명한 작품이라는 명성을 내주었다. 그러나 페니실린(블렌디드 스카치 위스키와 레몬 주스, 꿀 생강 시럽을 섞어서 싱글 몰트 스카치 위스키를 띄운 칵테일) 또한 골드 러시에서 일부 영감을 받았다는 점을 고려하면 여기서도 시걸의 공로를 일부 인정할 수 있을 것이다.

2010년 바텐더 테오 리버만은 자몽 필을 하나 넣고 셰이킹을 하는 '리갈 셰이크' 기법을 고안해 자신만의 노하우를 추가했다. "풍미 프로필이 완전히 바뀐 것은 물론 질감도 변했습니다." 리버만이 말했다. 골드 러시는 이 기술적 변화에 아름답게 반응했다. "꿀이 들어가는 모든 칵테일에 큰 도움이 되는 기술인데요, 단맛과 진한 풍미를 다독여주는 역할을 합니다."

버번 ·· 60ml
레몬 주스 ······································ 22.5ml
진한 꿀 시럽(3:1) ························ 22.5ml

얼음을 반 정도 채운 칵테일 셰이커에 모든 재료를 넣는다. 차가워질 때까지 약 15초간 셰이크한다. 걸러서 큰 사각형 얼음 하나를 넣은 올드패션드 글라스에 담는다.

그린포인트
GREENPOINT

그린포인트는 빈센조 에리코의 레드 후크 칵테일이 일으킨 20세기 후반의 수많은 맨해튼과 브루클린 변주곡 중에서 가장 성공적이고 유명한 칵테일이다. 그린포인트를 탄생시킨 마이클 맥길로이는 뉴욕의 유명한 밀크 앤 허니에서 에리코와 함께 일했던 아일랜드인이다. 자신만의 친근한 칵테일 레시피를 만들어내고 싶었던 마이클은 당시 거주하던 브루클린 지역인 그린포인트와 녹색의 인기 프랑스산 리큐어 샤르트뢰즈를 연관시키기로 했다. 결과적으로는 옐로 샤르트뢰즈를 사용하게 되었지만, 그래도 이름은 여전히 그린포인트다.

라이 위스키	60ml
옐로 샤르트뢰즈	15ml
스위트 베르무트	15ml
앙고스투라 비터스	1대쉬
오렌지 비터스	1대쉬
가니시용 레몬 트위스트	

얼음을 절반 정도 채운 믹싱 글라스에 가니시를 제외한 모든 재료를 넣는다. 차가워질 때까지 약 15초간 스터링한다. 걸러서 차가운 쿠프 글라스에 담는다. 레몬 트위스트로 장식한다.

건샵 피즈
GUNSHOP FIZZ

더 건샵 피즈는 사제라크를 완성하는 데에 주로 사용되며, 최근까지는 주로 뉴올리언스에서 판매하던 화사한 붉은색의 페이쇼드 비터스를 대량으로 사용하는 음료 중 유일하게 널리 알려진 칵테일이다. 뉴올리언스에 가장 먼저 문을 연 대표 수제 칵테일 바인 큐어에서 근무하던 현지 출신 바텐더인 커크 에스토피날과 막심 파즈니악이 만들어냈다.

에스토피날은 2005년 허리케인 카트리나가 쓸고 가기 전까지 시카고의 더 바이올렛 아워에서 근무했다. 그곳에서 으깬 딸기와 오이가 들어가는 더 바이올렛 버전의 핌스 컵(뉴올리언즈의 전설적인 바 나폴레옹 하우스에서 가장 사랑받는 메뉴)을 종종 만들었다. 에스토피날과 페즈니악은 핌스 컵의 공식을 따르면서 상당히 기발하게도 핌스 대신 페이쇼드를 넣었다. 이 두 액체는 들어가는 성분 목록이 기밀이고 밝은 붉은색을 띤다는 점을 제외하면 공통점이 거의 없다. 그리고 또 다른 루비색 음료인 이탈리아산 무알코올 식전주 산비터를 추가하는 등 미세한 조정을 거쳐서 더 건샵 피즈를 완성했다. 건샵 피즈의 탄생은 2009년, 이와 비슷한 비정통 칵테일을 모아서 소개한 『로그 칵테일』의 출판으로 이어졌다. 가격대가 높아서 널리 팔리지는 않지만 칵테일 공동체 내에서는 꽤나 알려진 메뉴다.

페이쇼드 비터스	60ml
레몬 주스	30ml
심플 시럽	30ml
딸기	2개
오이 슬라이스	3장
자몽 필	3장
오렌지 필	3장
산비터	30ml
가니시용 오이 슬라이스	

칵테일 셰이커의 바닥에 산비터와 가니시용 오이를 제외한 모든 재료를 넣는다. 그대로 2분간 두어 풍미가 어우러지게 한다. 얼음을 넣는다. 차가워질 때까지 약 15초간 셰이크한다. 걸러서 얼음을 채운 콜린스 글라스에 담는다. 그 위에 산비터를 붓는다. 오이 슬라이스로 장식한다.

하드 스타트
HARD START

페르넷 브랑카는 칵테일 초기 부흥기에 많은 사람에게 훌륭한 뮤즈 역할을 했다. 맛이 강렬하고 씁쓸해서 취향을 많이 타는 고대 리큐어이니 자신감 넘치는 젊은 믹솔로지스트가 원하는 다양한 요소를 제대로 갖추고 있던 셈이다. 그런 사람 중 한 명이 브루클린의 전설적인 주류 전문점 르넬에서 일하는 중에 페르넷을 접하게 된 데이먼 보엘트다. 그는 2009년 같은 구에 자리한 프라임 미트의 음료 담당자로 취업하면서 과거에 배운 교훈을 적용하기로 했다. 페르넷이 가장 많이 들어간 칵테일을 만들겠다는 야망을 키운 것이다. 처음에는 페르넷을 무려 90ml나 넣은 워터프론트라는 칵테일로 우선 소기의 목적을 달성했다. 브랑카 멘타(페르넷의 민트 버전)에 라임과 진저 에일을 섞는 레시피였다. 이후 이 레시피는 페르넷 브랑카와 브랑카 멘타를 2:1 비율로 섞고 라임, 진저 비어, 민트를 넣은 일종의 기본 리큐어를 2종 사용한 뮬 스타일로 진화했다. 워터프론트는 프라임 미트에서 꾸준히 인기를 누렸지만, 진정한 의미로 명성을 얻은 것은 그로부터 파생된 자식격인 칵테일이다.

피곤한 브런치 장사가 이어지던 어느 날 아침, 보엘트의 상사인 총지배인 빌이 뭔가 피곤을 덜어줄 만한 음료가 없는지 물어왔다. 보엘트는 브랑카 멘타와 페르넷 브랑카를 동시에 잡고 작은 락 글라스 두 개에 각각 부었다. 이를 마신 빌은 바로 다시 돌아와서 "어이, 대체 아까 그건 뭐였어?!"라고 외쳤다. 보엘트는 대답했다. "쓸데없는 건 전부 뺀 워터프론트입니다." 빌은 이 샷을 마셨더니 오토바이를 타고 내리막길을 달리다 클러치를 밟았는데 고장났을 때가 떠올랐다고 말했고, 이에 보엘트는 하드 스타트라는 이름을 붙였다.

이 비밀의 샷 칵테일에 대한 소문은 빠르게 퍼져나갔다. 얼마 지나지 않아 식후 음료로 칵테일 메뉴에 올랐을 정도다. 그러나 고객은 아랑곳하지 않고 하루 종일 아무 때나 하드 스타트를 주문했다. 보엘트는 2015년 프라임 미트를 떠나서 인근에 그랜드 아미를 열며 하드 스타트를 메뉴에 넣었고, 여기서도 마찬가지로 잘 팔렸다. 악명 높은 만큼 휴대성이 좋은 것이 무엇보다 장점이었다. 페르넷을 파는 곳(거의 모든 곳)이라면 어디서든 하드 스타트를 낼 수 있다.

"마치 부메랑처럼 사방으로 퍼져나갔습니다." 보엘트는 이어서 바에 동료 바텐더가 찾아오면 한 샷짜리 칵테일을 서비스로 내주는 은밀한 관습에 대해 설명했다. "저는 심지어 빌이 텍사스로 이사간 후에 미니어처 언더버그 병에다 하드 스타트를 몰래 숨겨서 보내주기도 했어요. 받고서 울었다는 이야기를 들었습니다."

페르넷 브랑카 ·························· 15ml	샷 글라스에 모든 재료를 담아서 낸다.
브랑카 멘타 ···························· 15ml	

재스민
JASMINE

코스모폴리탄(비슷한 분홍빛 색상으로 종종 비교당하는)이 생겨난 이후 불과 1~2년도 지나지 않았을 때이자, 칵테일 르네상스의 창시자로 알려진 바텐더 데일 디그로프가 막 뉴욕의 레인보우 룸에서 술을 이용한 마법으로 명성을 얻기 시작하던 시기에 탄생한 재스민은, 모던 클래식 칵테일 목록에서도 초기 항목에 들어가 있다. 실제로 재스민의 탄생에 디그로프가 간접적인 역할을 하기도 했다.

1989년, 막 버클리로 이사를 온 셰프 에블린 슬로몬은 좋은 칵테일을 마실 수 있는 곳을 찾고 있었다. 뉴욕에서 모든 레인보우 룸의 창작물을 에블린에게 테스트한 친구 디그로프 때문에 이미 눈이 많이 높아진 상태였다. 그러다 친구를 만나러 에머리빌의 한 레스토랑을 방문했을 때, 원래 스픽이지 바였다가 조셉 르브룅이 싹 손을 봐서 최근에 재개장한 타운하우스를 발견했다. 그리고 빠르게 단골손님이 되었다. 에블린은 신참 바텐더 폴 해링턴에게 본인이 좋아하는 방식으로 마티니를 만드는 법을 알려주었다. 그 후로 칵테일을 주제로 한 수많은 토론이 이어졌다.

타운하우스에는 칵테일 메뉴가 없었다. 해링턴은 고객에게 어떤 음료를 좋아하는지, 지금 무엇을 마시고 싶은 기분인지 물어보는 버릇이 생겼죠. 그렇게 얻은 정보에 따라 기존의 칵테일 카탈로그에 실린 메뉴를 골라 만드는 것이다.

타운하우스에 드물게 찾아오는 손님 매트 재스민이 걸어들어온 어느 한가한 평일 낮에 재스민이 탄생했다. 재스민은 해링턴에게 지금까지 한 번도 만들어본 적 없는 무언가를 만들어 달라고 요청했다. 해링턴은 얼마 전에 손에 넣은 『Trader Vic's Bartender's Guide(트레이더 빅의 바텐더 가이드)』에서 진과 큐라소, 라임 주스, 비터스로 만드는 금주령 이전 시대의 오래된 칵테일 페구 클럽에 대한 이야기를 읽어본 적이 있었다.

그날 밤 벽의 선반을 바라보던 해링턴의 시선은 캄파리 병으로 향했다. "저는 원래 제 페구에 비터스를 상당히 많이 넣는 편입니다." 해링턴이 말했다. "그래서 캄파리를 발견하는 순간 저걸 이용하면 되겠다는 아이디어가 딱 떠올랐죠." 또한 바에 올려져 있던 신선한 레몬 한 바구니 덕분에 페구에 들어가는 라임 주스 대신 레몬 주스를, 가니시로는 레몬 트위스트를 사용할 수 있었다. 그는 재스민의 이름을 따서 음료에 붙였다. [해링턴은 여러 해가 지난 후에야 사실 재스민의 이름에는 끝에 알파벳 e가 붙지 않는다는 사실을 알게 되었다. 그러나 이미 늦은 상태였다. 재스민은 어디까지나 '재스민(Jasmine)'이었으니까.]

1990년대에 해링턴은 당시 신생 잡지였던 <Wired(와이어드)>의 몇몇 편집자와 알게 되어 함께 와이어드의 새로운 웹사이트인 Hotwired.com에서 운영하던 칵테일 칼럼 시리즈인 CocktailTime.com을 제작했다. 이 칼럼은 이후 와이어드의 에디터 로라 무어헤드와의 공동 작업을 통해 1998년 『Cocktail: The Drinks Bible for the 21st Century(칵테일: 21세기의 음료 바이블)』이라는 이름으로 출판되었다.

『칵테일: 21세기의 음료 바이블』은 실제로 토니 아부 가님을 포함해 지식에 목마르고 분투하는 수십 명의 바텐더를 위한 믹솔로지 운동에서 초기의 바이블과 같은 존재가 되었다. 샌프란시스코의 칵테일 시장을 휘어잡고 있던 바텐더인 아부 가님은 호화로운 스타라이트 룸을 관장했다. 그러다 라스베이거스로 거주를 옮기고 벨라지오 호텔과 카지노의 음료 담당자가 되었을 때, 직원을 위해 책 50권을 구입해서 가지고 갔다. 이후 재스민은 그와 마찬가지로 재스민이라는 이름을 지닌 벨라지오의 고급 중국 레스토랑의 시그니처 칵테일로 자리잡았다.

하지만 재스민 칵테일 이름의 주인에게 이 모든 역사는 그저 모른 채 스쳐지나갔을 뿐이다. 매트 재스민은 타운하우스에서 처음으로 재스민 칵테일을 받은 이후 두 번 다시 마시지 않았다. 집에서도 만들어본 적이 없었고 바에서도 주문한 적이 없었다. 2021년 우리가 이 주제로 연락을 하자 그는 화들짝 놀랐다.

"아무래도 마땅히 그래야 할 만큼 감사를 받지는 못한 것 같은데요." 재스민이 말했다. "다음에 외출하면 주문하고 다니기 시작할 것 같습니다."

진	45ml
레몬 주스	22.5ml
쿠앵트로	7.5ml
캄파리	7.5ml
가니시용 레몬 트위스트	

얼음을 절반 정도 채운 칵테일 셰이커에 가니시를 제외한 모든 재료를 넣는다. 차가워질 때까지 약 15초간 셰이크한다. 걸러서 차가운 칵테일 글라스에 담는다. 레몬 트위스트로 장식한다.

줄리엣과 로미오
JULIET & ROMEO

2007년 토비 말로니가 엄숙한 도시 시카고에 진지한 첫 수제 칵테일 바 더 바이올렛 아워를 열었을 때 그는 진을 싫어하는 사람에게도 어필할 수 있는 진 칵테일을 만들고 싶어했다. 그 결과 진에 라임 주스와 오이, 설탕, 민트, 소금, 로즈 워터를 섞은 줄리엣과 로미오가 탄생했다.

"영국식 정원을 산책하는 듯한 맛이 나길 바랐어요." 말로니가 말했다. 그의 계획은 성공했다. 10년 이상 베스트셀러 칵테일 2위 아래로 내려온 적이 없기 때문이다. 바에서는 매일 평균 스무 잔씩 주문이 들어온다. 이를 능가하는 칵테일은 올드패션드뿐이다.

"거의 우리의 오리지널 칵테일이라고도 할 수 있죠." 말로니가 말했다. 물론 마을의 다른 바에서도 줄리엣과 로미오를 판매한다. 1년 중 말로니가 메뉴에서 이 칵테일을 가장 많이 발견하는 날은 언제일까? 당연히 발렌타인 데이다.

- 비피터 진 ······ 60ml
- 라임 주스 ······ 22.5ml
- 심플 시럽 ······ 22.5ml
- 민트 줄기 ······ 1개
- 오이 슬라이스 ······ 3장
- 소금 ······ 1꼬집(소)
- 가니시용 로즈워터 ······ 1드롭
- 가니시용 앙고스투라 비터스 ······ 3드롭
- 가니시용 민트 잎

칵테일 셰이커 바닥에 오이 슬라이스와 소금을 넣고 찧는다. 진과 라임 주스, 심플 시럽, 민트 줄기를 넣는다. 얼음을 셰이커에 절반 정도 채운다. 차가워질 때까지 약 15초간 셰이크한다. 걸러서 차가운 쿠프 글라스에 담는다. 로즈 워터와 비터스, 민트 잎으로 장식한다.

켄터키 벅
KENTUCKY BUCK

샌프란시스코의 바텐더 에릭 카스트로는 금주법 이전 시대의 칵테일 책을 샅샅이 뒤지면서 라이 위스키에 비해서 버번 위스키를 넣는 레시피가 꽤 부족하다는 사실을 깨달았다. 그래서 그 문제를 해결하기로 결심했다. 이후 헤븐스 도그 바와 고급스러운 스픽이지 바 버번 앤 브랜치에서 근무하는 동안 켄터키 벅 레시피를 완성했다. 버번 앤 브랜치 바에서 첫 선을 보인 이후 어느 정도 매상을 올렸지만 대중적으로 인기를 얻은 것은 카스트로가 접근성 높은 대규모 바 릭하우스에서 일하기 시작한 이후부터다. 얼마 지나지 않아 다른 바텐더들이 자신의 바에 고객이 찾아와 이 칵테일을 요청한다며 카스트로에게 불평하기 시작했다. 2015년 즈음에는 가이 피에리의 식당을 포함한 체인점에서도 켄터키 벅이 등장하기 시작했다. 카스트로는 레시피의 유연성을 엄격하게 제한한 덕분에 널리 퍼질 수 있었던 것 같다고 생각한다.

"온라인에서 그냥 레몬 정도를 짜서 뿌리고 생강과 버번 위에 딸기 리큐어를 두르는 곳도 본 적이 있는데, 그것도 꽤 괜찮았어요"라고 그는 말했다.

버번	60ml
잘 익은 딸기	1개
레몬 주스	22.5ml
심플 시럽	15ml
앙고스투라 비터스	2대쉬
진저 비어	30ml
가니시용 딸기 슬라이스	
가니시용 레몬 휠	

칵테일 셰이커 바닥에 딸기와 레몬 주스, 심플 시럽을 넣고 찧는다. 버번과 비터스를 넣는다. 얼음을 셰이커에 절반 정도 채운다. 차가워질 때까지 약 15초간 셰이크한다. 이중으로 걸러서 얼음을 채운 콜린스 글라스에 담는다. 그 위에 진저 비어를 붓는다. 딸기 슬라이스와 레몬 휠로 장식한다.

킬 데빌
KILL-DEVIL

가장 이상한 모던 클래식을 꼽자면 이 책에도 이미 많은 후보작이 실려 있다. 건샵 피즈, 하드 스타트, 데스 플립 모두가 쟁쟁한 경쟁자다. 하지만 우승 트로피는 바텐더 에린 윌리엄스가 페구 클럽에서 만들어낸 작품에 주어져야 마땅할 것이다. 19세기 믹솔로지스트의 집착[럼 아그리콜(Rhum agricole)! 샤르트뢰즈! 오버프루프 럼!]이 모인 오합지졸 조합이나 마찬가지로, 그 위에는 뒤집어 럼을 채우고 불을 붙인 동그란 라임 조각 '릴리 패드'가 화룡점정으로 올라가 있다. 불꽃이 활활 타오르는 마지막 장식이 럼 칵테일을 고급 수제 칵테일과 감상적인 미드센추리식 티키 스턴트 음료 사이 어딘가에 존재하게 만든다. 더 이상 바텐더가 아닌 윌리엄스의 조언에 따르면 이 가니시는 모양을 내기 위한 것만이 아니다. 캐러멜화된 에센셜 오일이 풍미도 더하지만 무엇보다 칵테일의 향을 끌어올린다.

라 파보리테 럼 아그리콜 블랑 ····· 60ml
그린 샤르트뢰즈 ······················· 15ml
진한 데메라라 시럽(3:1) ············ 7.5ml
앙고스투라 비터스 ··················· 3대쉬
라임 ······································· 1개
레이 앤 네퓨 오버프루프 럼 ········ 5방울

라임 껍질을 지름 약 4cm 크기로 둥글게 하나 잘라낸다. 하얀 중과피 부분을 손으로 제거한 다음 깨끗한 냅킨이나 수건으로 물기를 제거한다. 껍질이 아래로 가도록 뒤집어서 가볍게 둥글려 얕은 컵 모양으로 만든다. 옆에 따로 보관한다.

얼음을 절반 정도 채운 믹싱 글라스에 럼과 샤르트뢰즈, 시럽, 비터스를 넣고 차가워질 때까지 약 45초간 스터링한다. 걸러서 차가운 쿠프 잔에 담는다. 만들어둔 라임을 중과피가 위로 올라오도록 바스푼에 얹고 아주 조심스럽게 칵테일의 수면 위에 띄운다. 스포이트를 이용해서 라임 위에 오버프루프 럼 5방울을 군데군데 얹는다. 성냥으로 오버프루프 럼에 불을 붙인다. (이때 절대 라이터를 사용하지 않는다.) 불꽃이 완전히 꺼진 다음 마시기 시작한다.

킹스턴 네그로니
KINGSTON NEGRONI

칵테일 부흥의 절정기인 2009년에는 가끔 그냥 신제품이 출시되기만 하면 새로운 클래식 칵테일이 탄생하기도 했다.

그해 늦가을의 어느 날, 가방에 씨앗 대신 희귀한 술이 가득한 미네소타의 주류 수입업체 조니 애플시드의 에릭 시드는, 데스앤코라고 알려진 어둡고 천장이 낮은 바로 걸어 들어갔다. 이스트 빌리지에 자리한 데스앤코는 당시 개장한 지 2년 정도밖에 되지 않았지만 뉴욕 칵테일 창의력의 진원지였다. 즉, 시드가 새로운 마법약과 같은 술을 가지고 도시에 들를 때마다 제일 처음 찾아가는 곳이었다.

이날 가져간 샘플 술은 도수 57%의 자메이카식 럼인 스미스 앤 크로스였다. 바 뒤에는 데스앤코의 과묵한 헤드 바텐더 필 워드와 조금 더 사교적인 후배 바텐더 호아킨 시모가 서 있었다. 둘 다 개업일부터 근무한 직원이다. 술에 대한 그들의 반응은 긍정적이었다. "두 사람이 '이것 봐, 호고(hogo)가 있는데!'하고 말한 기억이 납니다." 시드는 정확히 정의하기 어려운 야생의 톡 쏘는 풍미를 뜻하는 럼 전용 용어를 언급하며 당시를 회상했다.

시모는 칵테일 믹싱에서 럼의 가능성을 탐색할 시간을 따로 갖지도 않았다. 바로 병을 집어 들고 그 자리에서 럼 네그로니를 만들기 시작했다. 워드의 '미스터 포테이토 헤드'* 칵테일 학교의 아주 간단한 규칙으로, 고전 칵테일에서 한 가지 재료만 아주 비슷한 종류로 바꾸는 방식을 적용한 것이다.

시모는 당시 인기를 누리던 이탈리아산 베르무트인 카르파노 안티카를 크게 좋아하지 않았다. 기본적으로 칵테일의 맛을 공격적으로 지배하는 불량배 같은 풍미라고 생각했기 때문이다. 하지만 이 경우에는 납득이 갔다. "스미스 앤 크로스는 금방 시드는 제비꽃 같지 않아서 베르무트의 강력한 초콜릿과 비터 오렌지 풍미에도 맞설 수 있으면서 캄파리의 진득한 맛을 건조하게 다듬고 쓴맛을 완화시키는 역할을 했어요." 그가 설명했다.

킹스턴 네그로니가 데스앤코의 메뉴에 오른 것은 2010년 봄이었다. 시모는 당시 이 칵테일이 바로 인기를 끌었으며 골수 단골을 완전히 사로잡은 다음, '도수가 높고 갈색에 휘저어 만드는 칵테일' 카테고리에 새로운 메뉴가 등장하기를 고대하게 만들었다고 기억한다.

즉, 킹스턴 네그로니는 어느 정도 잠자는 사자였다가 지난 2~3년에 걸쳐서 진정으로 인정받기 시작했다고 할 수 있다. 갑자기 인기가 늘어나기 시작한 데에는 몇 가지 짐작가는 이유가 있는데, 럼과 티키 문화의 개화와 홈 바텐딩의 부상 등을 꼽을 수 있다. (세 가지 재료를 동량으로 섞는 킹스턴 네그로니는 만들기도 아주 쉽다.) 하지만 무엇보다 지난 수 년간 원조 네그로니의 인기가 폭발적으로 증가하며 트렌

---

* 미스터 포테이토 헤드는 눈코입 등의 부분을 손쉽게 바꾸어 끼울 수 있는 장난감이다.

드를 형성한 것이 가장 큰 영향을 미쳤을 것이다.

시모는 2009년의 그 운명적인 날에 자신이 무엇에 사로잡혔던 것인지 아직도 확신하지 못한다. 구운 바나나 브레드와 훈연한 올스파이스 가지를 연상시키는 그 술과 만나는 순간 갑자기 생각했던 것이다. 이건 식전주로 제격이야!

"확실히 제가 만든 것 중에 가장 창의적인 작품이라고 하기는 힘들어요." 그가 인정했다. "하지만 그래도 여전히 기묘하게 느껴지긴 합니다."

스미스 앤 크로스 럼 ············· 30ml
카르파노 안티카 베르무트 ········ 30ml
캄파리 ························· 30ml
가니시용 오렌지 트위스트

얼음을 절반 정도 채운 믹싱 글라스에 가니시를 제외한 모든 재료를 넣는다. 차가워질 때까지 약 15초간 스터링한다. 걸러서 얼음을 넣은 더블 락 글라스에 담는다. 오렌지 트위스트로 장식한다.

라 펠라
LA PERLA

바텐더는 자주 그러하듯 바 뒤에서 잠시 휴식을 취할 때면 벽 찬장에 보관한 술병을 살펴보며 고민을 하는 경향이 있다. 2004년 자크 베주이덴하우트가 샌프란시스코에 있는 베니스식 알라카르트 레스토랑 페체에서 근무할 때 바로 그런 일이 일어났다. 선반 위에 아무도 주문하지 않는 만사니야 셰리 한 병이 놓여 있었던 것이다. 이를 바라본 그는 당시 즐겨 마시던 그란 센테나리오 레포사도 데킬라와 함께 섞어보았다. 맛을 보자 말도 안되게 드라이해서 단맛이 약간 필요할 듯했다. 아마 메뉴판의 다른 음료에 사용하던 벨르 드 브릴렛 배 리큐어가 도움이 되지 않을까 싶었다. 그리고 그게 정답이었다.

그는 데킬라 전문가 토마스 에스테스가 운영하며 데킬라를 주로 취급하는 런던의 한 레스토랑 이름을 따서 칵테일에 붙였다. 그런 다음 지역 셰리 칵테일 대회에 참가해서 우승했다. 베주이덴하우트가 그 다음에 취직한 멕시코 레스토랑 트레 아가베에서 라 펠라는 처음 메뉴에 올랐다. 시간이 흐르고 칵테일 업계에서 데킬라와 셰리의 명성이 높아지면서 바텐더들은 지금까지 크게 알려지지 않았던 두 재료를 섞어서 만들어낼 수 있는 최상의 결과물을 선보이기 위해 라 펠라를 만들기 시작했다.

레포사도 데킬라	45ml
만사니야 셰리	45ml
배 리큐어	22.5ml
가니시용 레몬 트위스트	

얼음을 절반 정도 채운 믹싱 글라스에 가니시를 제외한 모든 재료를 넣는다. 차가워질 때까지 약 15초간 스터링한다. 걸러서 차가운 칵테일 글라스에 담는다. 레몬 트위스트로 장식한다.

리틀 이태리
LITTLE ITALY

오드리 손더스가 2005년에 페구 클럽을 열 즈음, 그는 이미 진진 뮬이나 얼그레이 마티니 등 여러 모던 클래식 칵테일을 착착 만들어 쌓아둔 상태였다. 그러나 곧 개장할 새로운 바를 위해 곧 클래식이 될 칵테일을 몇 개 준비했다. 그중 하나가 페구 클럽이 문을 연 해에 선보인 리틀 이태리로, 손더스는 이를 바의 하우스 맨해튼으로 여긴다. 라이 위스키와 스위트 베르무트, 이탈리아산 리큐어인 치나, 이렇게 세 가지 재료로 만든 단순한 칵테일이다. 하지만 그에 얽힌 모든 요소가 그 당시 믹솔로지 세계에서 어떤 붐이 일어나고 있었는지를 보여준다. 그때는 레드 후크와 그린포인트 등 맨해튼을 변주한 칵테일이 만연했고 라이 위스키가 새롭게 인기를 끌었다. 아마리 또한 재발견되는 중이었다.

맨해튼에 비터스 대신 아마로를 넣자는 아이디어는 뉴욕의 라울스 레스토랑에서 저녁을 먹던 중에 떠오른 것이다. "우리는 그때 맨해튼을 마시고 있었는데, 앙고스투라 비터스 대신 치나를 넣으면 어떤 느낌이 될지 궁금해졌습니다." 손더스가 말했다. "리튼하우스가 모든 요소를 하나로 묶어준 거죠."

리튼하우스 본디드 라이 위스키
.... 60ml
마티니 앤 로씨 레드 베르무트 ··· 22.5ml
치나 15ml
가니시용 체리 브랜디 절임

얼음을 절반 정도 채운 믹싱 글라스에 가니시를 제외한 모든 재료를 넣는다. 차가워질 때까지 약 15초간 스터링한다. 걸러서 차가운 쿠프 글라스에 담는다. 체리로 장식한다.

맥시밀리언 어페어
MAXIMILIAN AFFAIR

보스턴 출신의 미스티 칼코펜은 고향이 멕시코가 아닌 술꾼에게 환영받은 지는 얼마 되지 않은, 멕시코 전통 증류주 메즈칼을 받아들여서 일찍부터 활용하기 시작한 최초의 모던 바텐더 중 하나다. 2008년 이전에는 증류주를 칵테일 베이스로 사용하는 믹솔로지스트가 거의 없었다. 당시 보스턴의 그린 스트리트에서 일하던 칼코펜은, 특정 생산 마을이 정해져 있고 장인 정신이 돋보이는 메즈칼인, 델 마게이의 설립자 론 쿠퍼의 예상치 못한 실제 모습을 보고 이에 영감을 받았다. 즉석에서 만들어 냈지만 칼코펜을 대표하는 칵테일이 되었다.

메즈칼	30ml
생 제르맹 엘더플라워 리큐어	30ml
푼 테 메스	15ml
레몬 주스	7.5ml
가니시용 레몬 트위스트	

얼음을 절반 정도 채운 칵테일 셰이커에 가니시를 제외한 모든 재료를 넣는다. 차가워질 때까지 약 15초간 셰이크한다. 걸러서 차가운 쿠프 글라스에 담는다. 음료 표면에 레몬 트위스트를 비틀어 짠 다음 음료 안에 넣는다.

메즈칼 뮬
MEZCAL MULE

최근의 메즈칼 칵테일 붐은 감히 확신하건대 뉴욕 이스트 빌리지 인근의 일부 지역으로 거슬러 올라간다. 바로 2007년 필 워드가 오악사카 올드패션드를 만들어낸 데스앤코가 자리한 곳이다. 1년 후 PDT의 짐 미한이 오악사카 올드패션드에서 일부 영감을 받아 메즈칼 뮬을 만들어냈다.

"피트 풍미가 나는 위스키와 메즈칼 등의 증류주를 이용해서 칵테일에 훈연 향을 가미하는 방식이 꽤나 흥미로웠어요." 미한이 말했다. "와인 업계에는 '함께 자라는 것들은 서로 잘 어울린다'는 오래된 격언이 있습니다. 이 개념을 칵테일 개발 과정에 도입해봤죠. 멕시코에서 흔히 볼 수 있는 패션프루트는 대부분의 메즈칼에서 느껴지는 천연 개방발효* 풍미를 연상시키는 자극적인 향을 품고 있습니다. 마찬가지로 흔한 오이는 메즈칼의 풀 향기를 강화하고, 라임과 생강은 각각 산미와 흙 향을 더합니다. 여기에 메즈칼 가게에서 간식으로 나가는 지카마와 오렌지 조각에 흔히 뿌리는 양념인 멕시코산 고춧가루 한 꼬집을 넣어 매콤한 맛을 가미하고 흙 향을 강화했습니다."

오악사카 올드패션드와 마찬가지로 메즈칼 뮬의 영향력은 칵테일 메뉴판에 오른 횟수는 물론 이를 모방한 사람이 얼마나 많았는지만 살펴봐도 쉽게 확인할 수 있다. 메즈칼과 모스코 뮬의 팬층이 모두 증가하면서 수많은 메즈칼 뮬의 변형이 탄생했지만 이름은 조금씩 다르기도 하다.

메즈칼(델 마게이 비다 추천) ············ 45ml
진저 월트(레시피는 오른쪽 참조) ····· 30ml
라임 주스 ································· 22.5ml
브아롱 패션 프루트 퓨레 ·········· 22.5ml
아가베 시럽(1:1) ························ 15ml
오이 슬라이스 ···························· 4장
가니시용 당절임 생강
가니시용 고춧가루

믹싱 글라스 바닥에 오이 슬라이스 3개와 아가베 시럽을 넣고 찧은 다음 나머지 액상 재료를 넣는다. 얼음을 넣고 셰이킹한 다음 고운 체에 걸러서 얼음을 넣은 차가운 더블 올드패션드 글라스에 담는다. 당절임 생강 한 조각과 남은 오이 슬라이스를 칵테일 픽에 같이 꽂은 다음 고춧가루 한 꼬집을 뿌려서(뿌리는 소금통을 이용하면 좋다) 잔에 올려 장식한다.

---

* 뚜껑을 열어서 대기와 접촉시키며 발효시키는 방식.

진저 월트

분량 750ml

물	3컵(720ml)
다진 날생강	1컵(240ml)
황설탕	45ml
라임 주스	22.5ml

물을 끓인 다음 다진 생강, 황설탕과 함께 비반응성 용기에 넣는다. 뚜껑을 닫고 90분간 그대로 재운 다음 고운 체에 걸러서 생강을 꾹꾹 눌러 국물을 최대한 짜낸다. 라임 주스를 넣어서 잘 섞어 병에 넣은 다음 냉장 보관한다.

MEZCAL MULE 메즈칼 뮬

미스터 브라운
MR. BROWN

프랭키 마셸이 브루클린의 클로버 클럽에서 일하던 2011년 초에 만들어낸 칵테일이다. 그해 봄 메뉴에 처음 등장한 이후 여러 번 다시금 선보인 바 있다. 고급스럽고 실크처럼 부드러우면서 강렬한, 잠자리에 들기 전에 마시기 좋은 칵테일이다. 리볼버와 아주 비슷하지만 조금 더 복합적이다.

버번	60ml
커피 리큐어	22.5ml
오렌지 비터스	1대쉬
앙고스투라 비터스	1대쉬
바닐라 시럽 (레시피는 아래 참조)	1바스푼
가니시용 오렌지 트위스트	

얼음을 절반 정도 채운 믹싱 글라스에 가니시를 제외한 모든 재료를 넣는다. 차가워질 때까지 스터링한다. 걸러서 커다란 사각형 얼음 하나를 넣은 더블 락 글라스에 담는다. 음료 표면에서 오렌지 트위스트를 비틀어 짠 다음 음료에 얹는다.

바닐라 시럽

설탕	240ml
물	240ml
바닐라 빈	1개

소형 냄비에 설탕과 물을 넣는다. 바닐라 빈은 반으로 길게 가른 다음 안쪽의 씨를 훑어내고 씨와 꼬투리를 모두 설탕 냄비에 넣는다. 중강불에 올리고 한소끔 끓여서 설탕이 완전히 녹을 때까지 잘 젓는다. 불에서 내린 다음 식힌다. 원하는 만큼 풍미가 진해지면 바닐라 빈 꼬투리를 꺼낸다. 풍미를 더욱 강하게 만들고 싶으면 꼬투리를 시럽과 함께 보관한다. 보관 용기에 부어서 뚜껑을 닫은 다음 냉장 보관한다. 2주일간 사용할 수 있다.

네이키드 앤 페이머스
NAKED AND FAMOUS

바텐더 호아킨 시모는 밀크 앤 허니에서 페이퍼 플레인을 처음 맛보았을 때 이미 라스트 워드 칵테일의 변형 버전을 손보던 중이었다. 버번과 아페롤, 레몬 주스와 아마로 노니노를 동량으로 사용한 샘 로스의 작품 또한 라스트 워드의 변주 칵테일이었다.

"페이퍼 플레인을 처음 맛본 순간 저는 마라스키노 리큐어를 대체할 만한 후보군을 재고하기 시작했어요. 처음에는 큐라소나 젠티안 등 한 가지 맛이 나는 리큐어에만 생각이 국한되어 있었거든요." 시모는 당시의 고민을 이렇게 설명했다. "그 이후 아페롤과 캄파리, 핌스, 치나, 몬테네그로처럼 더 복합적인 맛이 나는 리큐어로 시선을 돌렸습니다. 그리고 아페롤과 옐로 샤르트뢰즈의 조합이 대성공을 거두었고, 이제 어울리는 메즈칼만 찾으면 되는 상황이었죠."

2011년 선보인 네이키드 앤 페이머스는 그 멘토인 음료 덕분에 승승장구했다. 지금까지도 페이퍼 플레인의 변주 중 가장 유명한 칵테일이기 때문이다.

가능하면 이 칵테일에는 델 마게이 치치카파 메즈칼을 사용하자. 원조 레시피에 들어가던 메즈칼이다. 가격대는 높은 편이지만 칵테일의 맛이 월등히 좋아진다.

메즈칼	22.5ml
아페롤	22.5ml
옐로 샤르트뢰즈	22.5ml
라임 주스	22.5ml

얼음을 절반 정도 채운 칵테일 셰이커에 모든 재료를 넣는다. 차가워질 때까지 약 15초간 셰이크한다. 걸러서 차가운 쿠프 글라스에 담는다.

오악사카 올드패션드
OAXACA OLD-FASHIONED

뉴욕 칵테일 부흥의 절정기. 모든 것을 잃을 수 있지만 또 잃을 것이라고는 아무것도 없는 초창기 바의 경영자. 독창성이 절정에 달한 상급 바텐더. 아직 많이 쓰인 적이 없는 낯선 술. 이 모든 요소가 합쳐지면 엄청난 사건이 탄생할 수밖에 없다.

여기서 바는 2007년 맨해튼의 데스앤코, 경영주는 데이비드 캐플란, 바텐더는 필 워드, 술은 당시 바텐더계에서 거의 사용된 적도 없고 아무도 잘 파악하지 못하고 있던 메즈칼이다. 그렇다면 엄청난 사건이란? 클래식 칵테일에 단순하게 데킬라와 메즈칼을 첨가해서 완성해내, 수많은 바텐더와 술꾼에게 아가베 증류주의 다재다능함을 알려준 오악사카 올드패션드의 탄생을 뜻한다.

레포사도 데킬라와 메즈칼, 앙고스투라 비터스 2대쉬와 당시에는 참신한 재료였던 아가베 시럽 1바스푼을 섞어서 불꽃이 타오르는 오렌지 트위스트로 장식한 칵테일은, 끊임없이 주문이 몰려들며 전 세계에 모방의 물결을 일으켰으며, 이후 샷과 마가리카 외에는 거의 새로운 시도가 존재하지 않던 주류였던 데킬라와 메즈칼로 구성된 새로운 모험적인 칵테일이 줄줄이 탄생했다. 이를 선보이고 12년 후, 데스앤코는 오악사카 올드패션드가 그려진 티셔츠를 제작하며 그들의 지위를 굳건하게 만들었다.

대부분의 뉴욕 바텐더가 그랬듯이 워드도 당시에는 메즈칼이 낯설었다. 오악사카 올드패션드도 그가 메즈칼을 넣어 만든 칵테일 중 고작해야 세 번째에 불과했고, 첫 번째는 메즈칼을 7.5ml 넣은 간단한 다이키리였다. 두 번째는 레포사도 데킬라와 할라페뇨를 가미한 블랑코 데킬라, 메즈칼을 섞은 신더라는 칵테일이다.

워드는 제일 첫 오악사카 올드패션드를 누구에게 선보였는지 기억하지 못한다. "즉석에서 만들어낸 굉장한 발명품이었어요. 데스앤코의 역사 중에서도 제가 가장 좋아하던 시절에 탄생한 칵테일이죠." 워드가 회상하는 그 당시는 이런 모습이었다. "매번 방문할 때마다 개발 중인 신작 메뉴를 애타게 기다리는 수많은 실험용 기니피그(단골 손님)가 북적거리는 하나의 큰 칵테일 실험실 같은 느낌이었어요."

오악사카 올드패션드는 즉각적으로 인기를 끌었다. 두 종류의 술로 기본 베이스를 구성한다는 발상이 참신하기도 했고, 당시 올드패션드가 다시 주목받고 있었던 것도 한몫했다. 오랫동안 잠들어 있던 클래식 칵테일이 이제 막 새롭게 인기를 누리기 시작하던 시기였다. 많은 고객에게 단순한 올드패션드의 편안한 스타일이 메즈칼이라는 미지의 즐거움을 탐색하기 좋은 트로이 목마와 같은 역할을 한 것이다.

OAXACA OLD-FASHIONED

오악사카 올드패션드

불타는 오렌지 트위스트라는 시선을 집중시키는 '짜잔!' 요소를 넣은 것 역시 의심의 여지 없이 칵테일의 인기에 일조했다. "불꽃놀이는 누구나 좋아하잖아요. 아마 불을 붙인 오렌지 트위스트가 사람들의 시선을 사로잡은 것 같아요." 바텐더 아이비 믹스의 설명이다. "화히타 효과(Fajita effect)라고 하죠!"

초창기의 오악사카 올드패션드는 엘 테소로 레포사도 데킬라와 로스 아만테스 호벤 메즈칼로 만들었지만, 이 두 술은 현재 대부분의 바에서 취급하기에는 너무 비싸다. 하지만 다른 종류의 데킬라와 메즈칼로 만들어도 오악사카 올드패션드는 언제나 견고한 맛의 구성을 보여준다.

데스앤코의 소유주인 데이비드 캐플란은 오악사카 올드패션드란 점지받은 운명, 태어날 운명이었던 칵테일이었다고 생각한다.

"탄생할 수 밖에 없었던 칵테일이었어요." 그가 말했다. "거의 이미 존재하는 거나 마찬가지였을 거예요."

레포사도 데킬라(엘 테소로 추천) ···· 45ml
메즈칼(델 마게이 산 루이 델 리오 추천)
··· 15ml
앙고스투라 비터스 ················· 2대쉬
아가베 시럽 ······························ 1바스푼
가니시용 불을 붙인 오렌지 트위스트

커다란 얼음 하나를 넣은 락 글라스에 가니시를 제외한 모든 재료를 넣는다. 차가워질 때까지 약 15초간 스터링한다.

불을 붙인 오렌지 트위스트를 만든다. 오렌지 제스트 한 조각을 약 2.5cm 크기로 자른다. 오렌지 제스트를 음료에서 10cm 정도 떨어진 곳에서 껍질이 아래로 가도록 잡는다. 성냥에 불을 붙인 다음 제스트의 껍질 부분을 따뜻하게 데운다. 제스트를 성냥 가까이에서 재빠르게 비튼다. 오렌지의 가향 오일이 터져나오면서 가볍게 불꽃이 튀며 향기를 음료 표면에 확 퍼뜨리는 역할을 한다. 제스트를 얹어서 장식한다.

올드 쿠반
OLD CUBAN

오드리 손더스는 '작은 검은 드레스를 입은 모히토'를 상상했다.

"올드 쿠반에 대해서는 신열대 지방의 특징이 녹아든 활기차면서도 우아한 샴페인 칵테일을 만드는 것이 목표였어요"라고 손더스는 설명한다. "저는 레시피를 단순하면서 알기 쉽게 만들고 싶었어요. 날카롭고 깔끔하면서도 톡 쏘는 맛이 나고, 복합적인 풍미와 탄산감이 느껴지길 바랐죠."

대중적인 모히토에 숙성 럼과 앙고스투라 비터스를 가미하고 샴페인 60ml를 부어 호화롭게 업그레이드한 이 칵테일은 손더스가 비콘과 토닉 바에서 만들어낸 것이다. 하지만 칼라일 호텔의 1940년대 스타일 라운지에 자리한 베멀먼즈 바에서 첫 선을 보였다. 시간이 지나도 유행에 뒤떨어지지 않는 고풍스러운 스타일과 매력이 가득한 어둑한 공간에 샴페인 칵테일은 잘 어울리는 선택지였던 것이다.

손더스는 고객의 심리를 정확하게 꿰뚫었다. "출시하자마자 올드 쿠반은 게이트를 통과한 말처럼 순식간에 날아올랐죠." 당시의 회상이다.

칼라일이 리츠 런던과 좋은 관계가 아니었다면 올드 쿠반은 아직도 그 지역에서나 사랑받는 칵테일에 불과했을 것이다. 수익 규모가 비슷해서 세련된 고객층을 공유하는 두 호텔은 종종 공동 프로모션을 열었다. 2002년, 칼라일 호텔은 손더스를 런던으로 파견해 리츠 호텔에서 베멀먼즈 팝업 바를 열었다. 손더스는 올드 쿠반을 가져와 완전히 새로운 대륙에 선보였다. 얼마 지나지 않아 올드 쿠반은 런던과 파리, 베를린의 메뉴에 등장하기 시작했다.

손더스는 <파이낸셜 타임즈>와 <인디펜던트>를 비롯한 수많은 영국과 유럽의 간행물에 칵테일을 언급하는 글이 등장하던 시기를 회상했다. "올드 쿠반이 유럽 여행을 시작한 초창기에 국제 언론이 열띤 보도를 해준 것이 전 세계로 진출하는 데에 큰 역할을 했죠."

숙성 럼(바카디 8년 리제르바 럼 권장) ········· 45ml
심플 시럽 ········· 30ml
라임 주스 ········· 22.5ml
앙고스투라 비터스 ········· 2대쉬
민트 잎 ········· 6장
샴페인 ········· 60ml

칵테일 셰이커 바닥에 민트 잎과 심플 시럽, 라임 주스를 넣고 찧는다. 럼과 비터스를 넣는다. 셰이커에 얼음을 절반 정도 채운다. 차가워질 때까지 약 15초간 셰이크한다. 걸러서 차가운 칵테일 글라스에 담는다. 그 위에 샴페인을 붓는다.

페이퍼 플레인
PAPER PLANE

2008년, 시카고에서 더 바이올렛 아워의 개업을 돕고 있던 토비 말로니는 뉴욕의 밀크 앤 허니에서 함께 일했던 바텐더 샘 로스에게 이곳만의 오리지널 칵테일을 만들어 달라고 부탁했다. 로스는 M.I.A 의 노래에서 이름을 딴 페이퍼 플레인 칵테일을 고안했다. (곡의 제목이 실제로 '페이퍼 플레인'이다.)

더 바이올렛 아워에서 처음 이 칵테일을 선보일 때에는 캄파리가 들어갔다. 로스는 시애틀의 바텐더 머레이 스텐슨이 부활시킨 금주법 이전 시대의 칵테일인 라스트 워드에, 이 이탈리아산 식전주를 동량으로 넣어 새롭게 변주할 생각이었다. 그래서 캄파리에 레몬 주스로 감귤류 향을 더하고 증류주로는 버번을 사용했으며 당시 갓 접한 아마로 노니노로 허브 풍미를 섞었다. 그러나 이틀 후 그는 생각을 바꾸었다.

"다시 만들어봤더니 맛이 영 균형이 맞지 않았어요." 로스는 당시를 이렇게 회상한다. "쓴맛이 약간 강하고 단맛이 없었죠." 그는 캄파리 대신 아페롤을 넣었고, 즉시 만족스러운 결과물이 나왔다.

그리하여 각종 변주 레시피를 탄생시키는 것은 물론 고유 셔츠와 동명의 바 이름에 이르기까지 곳곳에 영감을 주며 세상을 정복한 화사한 주황빛의 칵테일이 완성된 것이다.

페이퍼 플레인(종이비행기)이 멋지게 활강한 것은 예상 가능한 일이었다. 로스가 그런 목적으로 만든 칵테일이기 때문이다. 그는 균형 잡히고 뛰어나면서도 알기 쉬운 맛에 특별한 시럽이나 가향 재료 없이 쉽게 구할 수 있는 재료 네 가지만 있으면 완성되는 칵테일을 만들고 싶었다. 다시 말해 괜찮은 재료 선반을 갖추고 있는 곳이라면 어디서든, 심지어 집에서도 뚝딱 만들어낼 수 있는 칵테일이다. 흔한 장식 하나 올라가지 않는다.

페이퍼 플레인이 탄생해서 인기를 끌기 시작한 지 13년이 지난 지금은 다음과 같은 의문이 제기될 정도다. 이제는 페이퍼 플레인이 로스의 또 다른 인기 모던 클래식 칵테일인 페니실린보다 더 인기가 많다고 할 수 있을까?

"저는 아직도 페니실린이 더 인기가 좋다고 생각하지만 솔직히 단순성과 맛, 특이함을 갖추었다는 점에서 페이퍼 플레인이 더 자랑스럽게 여겨집니다"라고 로스는 말한다. "그 전까지는 존재하지 않았던 맛이죠."

버번	22.5ml
아마로 노니노	22.5ml
아페롤	22.5ml
레몬 주스	22.5ml

얼음을 절반 정도 채운 칵테일 셰이커에 모든 재료를 넣는다. 차가워질 때까지 약 15초간 셰이크한다. 걸러서 차가운 쿠프 글라스에 담는다.

페니실린
PENICILLIN

만일 평범한 칵테일 애호가에게 최근에 탄생한 상징적인 칵테일을 꼽아보라고 하면, 오드리 손더스와 필 워드, 딕 브래드셀과 함께 왕성한 모던 클래식 칵테일 발명가로 손꼽히는 샘 로스가 만들어낸 이 칵테일의 이름이 등장할 가능성이 높다. 마찬가지로 밀크 앤 허니에서 탄생한 또 다른 꿀을 가미한 위스키 사워 변주 레시피 중 하나인 골드 러시에서 일부 영감을 받은 칵테일이다.

스카치 위스키의 올바른 생산 과정과 음용 방식에 대한 온갖 억측을 박살내는 데에 열중하는, 상징적인 스코틀랜드 회사 컴패스 박스의 제품 상자가 도착하면서 본격적으로 레시피에 변화가 생겼다. 버번을 뺀 빈 자리에 블렌디드 스카치 위스키가 들어갔다. 바의 특제 꿀 시럽과 생강 주스를 합해서 하나의 새로운 시럽을 만들어냈다. 그리고 잔에 따른 음료 위에 훈연 향이 감도는 아일레이 스카치 위스키를 띄웠다. 여기에 당절임 생강 한 조각을 장식해 화려한 느낌을 가미했다. 이름은 그저 일반 상식에 따른 발상이다. 위스키와 레몬, 꿀, 생강 등 레시피에 포함된 모든 요소가 수백 년은 묵은 민간요법을 떠올리게 한 것이다.

페니실린이 처음 인기를 끈 것은 그린위치 빌리지에 있는 밀크 앤 허니의 자매 바인 리틀 브랜치에서였다. 그 후 로스는 로스앤젤러스에서 컨설팅 작업을 하면서 서부 해안에 페니실린을 소개했다.

페니실린은 수 년에 걸쳐서 훌륭한 다재다능성을 보여주었다. 전 세계의 바에서 수십 가지 종류의 페니실린 변주 칵테일을 만나볼 수 있다. 로스 또한 본인이 만든 칵테일을 이리저리 변주했다. 브루클린에 있는 본인의 바 다이아몬드 리프에서는 프로즌 페니실린을 '페니칠린'이라는 이름으로 선보였고, 유일하게 야외에서만 취식이 가능했던 코로나19 팬데믹 기간 동안에는 아타보이에서 따뜻한 페니실린을 선보였다.

블렌디드 스카치 위스키 ············ 60ml
레몬 주스 ························· 22.5ml
생강 꿀 시럽(레시피는 오른쪽 참조)
  ································ 22.5ml
아일레이 싱글 몰트 스카치 위스키
  (라프로익 10년 추천) ············· 7.5ml
가니시용 당절임 생강

얼음을 절반 정도 채운 칵테일 셰이커에 블렌디드 스카치 위스키와 레몬 주스, 시럽을 넣는다. 차가워질 때까지 약 15초간 셰이크한다. 걸러서 커다란 사각형 얼음 하나를 넣은 락 글라스에 담는다. 음료 위에 아일레이 스카치 위스키를 띄운다. 당절임 생강으로 장식한다.

생강 꿀 시럽

꿀 ······································· 1컵 껍질을 벗기고 저민 날생강 ··························· 1개(15cm 크기) 물 ······································· 1컵	소형 냄비에 꿀과 생강, 물을 넣고 한소끔 끓인다. 불 세기를 낮추고 5분간 뭉근하게 익힌다. 하룻밤 동안 냉장 보관한 다음 걸러서 건더기를 제거한다.

피냐 베르데
PIÑA VERDE

어떤 모던 칵테일은 등장하자마자 바로 클래식의 영역에 올라선다. 시간이 더 걸리는 칵테일도 언젠가는 그와 비슷하게 귀한 대접을 받는다.

피냐 콜라다에 허브 풍미를 가미하고 도수를 높인 피냐 베르데도 그런 복병 중 하나다. 샌디에고의 바텐더 에릭 카스트로는 그린 샤르트뢰즈와 파인애플 주스, 라임 주스, 코코넛 크림이라는 단순한 네 가지 재료로 이루어진 피냐 베르데가 완성되기까지 수 년의 시간이 걸렸다고 한다. 그런 후에도 하나씩 발전하기까지 몇 년이 더 필요했다. 그러나 서서히 올라간 피냐 베르데의 인기가 거의 10년 가까이 지속되었다는 사실은 누구나 인정한다.

이 모든 역사는 맛있는 칵테일을 더 맛있게, 최소한 더 강하게 만들기 위한 바텐더의 작은 시도에서 시작되었다.

"처음에는 피냐 콜라다의 표면에 그린 샤르트뢰즈를 띄우는 것부터 시작했습니다." 카스트로는 19세기 후반에 사용하던 기법을 회상하며 말했다. 그는 2010년 비피터 진 브랜드의 홍보대사가 되면서 전통적으로 럼을 사용하는 칵테일에 진을 활용하는 실험을 거듭했다. 시간이 흐르면서 카스트로는 샤르트뢰즈와 코코넛이 조화로운 칵테일이 가장 마음에 든다는 사실을 깨달았다. 그래서 진을 완전히 버리고 프랑스산 오버프루프 허브 리큐어를 주인공으로 만들었다.

카스트로는 2012년 샌디에고에서 공동 설립한 칵테일 바인 폴라이트 프로비전을 운영하기 시작한 첫해에 이 칵테일을 메뉴판에 올렸다. 피냐 베르데라는 참으로 적절한 이름을 얻게 된 것도 바로 이 시점이다. 그럼에도 불구하고 피냐 베르데는 미국 반대쪽 해안 지역인 뉴욕의 보일러메이커에서 개업 메뉴로 등장하기 전까지는 제대로 인기의 맛을 보지 못했다. 처음에는 사업적인 이유로 관심을 얻었다. 샤르트뢰즈처럼 난해하고 도전적인 문화가 어린 상품은 요리 산업에서 거부할 수 없는 매력적인 요소이자 주문이 들어올 것을 보장하는 재료다. 현지의 바텐더들이 바에 쭈뼛쭈뼛 찾아와 전해 들은 '그 그린 샤르트뢰즈가 들었다는 칵테일'을 주문했다. 그리고 모든 바텐더가 앞다투어 찾는 메뉴가 있다는 걸 알게 된 손님들도 모두 주문하기 시작했다. 그리고 2015년과 2016년에 티키 스타일이 부흥하면서 피냐 베르데가 또 다시 주목을 받았다.

"스픽이지 바와 티키 바 사이의 격차를 해소할 수 있는 레시피 중 하나입니다." 카스트로는 이렇게 설명한다. 또한 격조 높은 술자리와 편안한 음주 문화 사이의 간극을 메우는 역할을 했으며, 까다로운 녹색 리큐어가 친숙한 전통 칵테일과도 놀랍도록 잘 어울린다는 사실을 보여주는 칵테일이기도 하다.

그린 샤르트뢰즈 ……………… 45ml
파인애플 주스 ………………… 45ml
코코 로페즈 코코넛 크림 ……… 22.5ml
라임 주스 ……………………… 15ml
가니시용 파인애플 잎
가니시용 라임 휠

얼음을 절반 정도 채운 칵테일 셰이커에 가니시를 제외한 모든 재료를 넣는다. 차가워질 때까지 약 15초간 셰이크한다. 걸러서 으깬 얼음이나 자갈 얼음을 채운 허리케인 글라스에 담는다. 파인애플 잎과 라임 휠로 장식한다.

폰 스타 마티니
PORN STAR MARTINI

폰* 스타 마티니라는 이름이 붙은 칵테일이 나오자마자 바로 인기를 얻었다는 사실을 듣고 놀라는 사람은 별로 없을 것이다. 바텐더 더글라스 앙크라가 패션프루트 퓨레와 패션프루트 리큐어, 바닐라 향 보드카(원래는 카리엘), 바닐라 시럽, 프로세코를 섞어서 퇴폐적인 칵테일을 만들어냈을 때, 그 매력적인 맛에 섹시한 이름이 더해지면서 그의 인기 많은 런던 바에서 반드시 마셔봐야 할 메뉴가 되었다.

하지만 그 인기가 거의 20년 가까이 지속되면서 2019년에는 영국에서 가장 주문이 많이 들어오는 칵테일이 될 것이라는 점은 누구도 예상치 못했다.

대부분의 사람들은 폰 스타 마티니의 매력을 세 가지로 요약한다. 주문하려면 큰 각오를 해야 하는 충격적인 이름, 대중적으로 인기가 좋은 재료, 그리고 색다른 서빙 방법이다. 스파클링 와인을 다른 술과 함께 섞어서 잔에 붓는 것이 아니라 따로 작은 잔에 담아 곁들여 낸다.

비록 폰 스타 마티니라는 이름으로 널리 알려져 있기는 하지만 다른 나라에서 다른 이름으로 불릴 때도 있었다. 바로 남아프리카공화국의 케이프타운에 있는 다층식 스트립 클럽 매버릭스 젠틀맨스 클럽의 이름을 딴 매버릭 마티니다. 2002년에 앙크라는 케이프타운에서 『Shaken and Stirred(셰이큰과 스털드)』라는 칵테일 책을 집필하면서 타운하우스라는 새로운 런던 바를 열 준비를 하며, 쉬는 시간은 클럽에서 보냈다. 이 칵테일을 구상한 것도 이 여행 도중이었다. 앙크라의 설명에 따르면 어느 따뜻한 여름날 아침 출근길에 갑자기 이 칵테일이 떠올랐다고 한다. "정말로 순간적으로 번뜩인 아이디어였어요." 그가 말했다. 이후 런던으로 돌아온 앙크라(2021년 8월에 사망)는 지금 더 잘 알려진 바로 그 이름으로 새롭게 명명했다.

이 칵테일은 데뷔 첫날부터 인기가 있었다. 동일한 소유주가 운영하는 타운하우스와 LAB의 바텐더들이 쏟아지는 주문에 맞추어 제대로 셰이킹을 하기 힘들 정도였다. 당시 이 두 바는 그냥 트렌디한 곳이 아니라 유행을 선도하는 장소였으므로 새로운 칵테일이 등장하기로 이보다 더 좋은 곳은 없었다.

최근 들어서는 선정적인 이름이 무기보다는 골칫거리라는 점이 입증되었다. 2019년 영국의 슈퍼마켓 체인 마크 앤 스펜서는 캔 칵테일 제품을 생산하면서 수위를 조절한 패션 스타 마티니라는 이름을 사용해야 했다.

* Porn은 포르노를 뜻한다.

그리고 앙크라는 토니 블레어 총리의 '멋진 영국' 시대가 끝나가는 시점에도 그의 과격한 창조물이 여전히 인기를 누린다는 점에 전혀 놀라지 않는다. "파티의 흥을 터트리기에 최적의 칵테일이에요." 2020년에도 그는 이렇게 말했다. "섹시하고, 재미있고, 꾸밈없죠."

바닐라 가향 보드카	40ml
패션 프루트 퓨레	50ml
패션 프루트 리큐어 (파소아 추천)	15ml
바닐라 시럽 (116쪽)	2바스푼
프로세코	30ml

얼음을 절반 정도 채운 칵테일 셰이커에 프로세코를 제외한 모든 재료를 넣는다. 차가워질 때까지 약 15초간 셰이크한다. 걸러서 차가운 칵테일 글라스에 담는다. 프로세코 1샷을 곁들여서 낸다. (이후 버전으로 신선한 라임 주스를 넣어 만들기도 하지만 여기 실린 것이 원본 레시피다.)

레드 후크
RED HOOK

20세기 동안에는 맨해튼 칵테일을 좋아한다면 언제든 주문할 수 있었다. 하지만 그와 비슷하거나 조금 다른 스타일을 원한다면 선택지가 매우 제한적이었다. 스위트 베르무트와 드라이 베르무트를 동량으로 사용하는 퍼펙트 맨해튼이나 스카치를 넣는 버전인 롭 로이 정도가 있었다.

하지만 20세기 말엽에 오면서 상황이 완전히 바뀌었다. 맨해튼과 비슷한 스타일의 칵테일 선택지가 기하급수적으로 증가한 것이다. 마음만 먹으면 라이 위스키와 스위트 베르무트, 치나로 만든 리틀 이태리 라이 위스키와 스위트 베르무트, 옐로 샤르트뢰즈, 비터스로 만드는 그린포인트를 주문할 수 있다. 그 외에도 캐럴가든, 부쉬윅, 선셋파크, 벤슨허스트, 브루클린 하이츠, 슬로프 등이 있는데 모두 라이 위스키와 베르무트가 들어가고 일종의 비터스를 흔히 사용했으며 브루클린 인근의 지역명을 따서 이름을 지었다.

이러한 트렌드는 모두 2003년 밀크 앤 허니의 이탈리아 출신 바텐더 빈센조 에리코가 맨해튼과 브루클린을 섞어서 만들어낸 레드 후크 칵테일에서 비롯된 것이다. 새로운 칵테일 레드 후크는 라이 위스키와 마라스키노 리큐어, 푼 테 메스라는 당시에는 상대적으로 덜 알려져 있었지만 미국에서 천천히 명성을 얻기 시작하던 세 가지 재료로 이루어져 있었기 때문에 다른 바텐더들을 즉시 매료시켰다. 고객에게 새로운 맛을 선보이고 싶은 바텐더에게는 올인원 패키지나 마찬가지였다. 얼마 지나지 않아 맨해튼과 브루클린의 변주곡이 사방에서 울려 퍼졌다.

이때의 거의 모든 변주 칵테일에 맨해튼에 주로 사용하는 버번 위스키 대신 라이 위스키가 들어간 것은 절대 실수가 아니다. 레드 후크와 그 후손들은 라이 위스키가 부활하던 시기에 탄생했다. 그때까지 수십 년간 방치되어 잊혀가던 스파이시한 위스키가 수제 칵테일 바에서 새로운 보금자리를 찾게 된 것이다.

2010년 이후로는 라이 맨해튼 변주곡의 폭풍우가 서서히 잦아들었다. 그러나 그 시대의 증거는 여전히 남아 있다. 거의 20년이 지난 지금도 레드 후크는 네그로니 이후로 이탈리아 출신 바텐더가 만들어낸 가장 유명한 칵테일로 손꼽히며 흔하게 주문이 들어온다. 그리고 네그로니처럼 아직도 에리코가 이스키아 섬에 바를 열기 위해 돌아간 이탈리아보다 미국에서 더 인기가 많다.

라이 위스키 ············ 60ml	얼음을 절반 정도 채운 믹싱 글라스에 모든 재료를 넣는다. 차가워질 때까지 약 15초간 스터링한다. 걸러서 차가운 쿠프 글라스에 담는다.
마라스키노 리큐어 ············ 15ml	
푼 테 메스 ············ 15ml	

REVOLVER

총의 이름을 딴 칵테일. 불렛*이라는 버번. 불꽃이 타오르는 가니시.

이러한 경이로운 요소를 생각해보면 2004년 샌프란시스코의 바텐더 손 산터가 만든 맨해튼의 변주 칵테일 리볼버가 이목을 끄는 것은 사실상 예견된 일이나 마찬가지일 것이다. 하지만 실상은 그리 간단하지 않았다. 칵테일의 탄생이 그에 따른 명성으로 이어지기까지는 여러 가지 우연으로 이루어진 단계가 필요하다.

버번과 커피 리큐어, 오렌지 비터스, 불을 붙인 오렌지 트위스트라는 가니시까지 포함해 재료는 고작 네 가지에 불과하지만, 모두 일부러 최소한 심플한 구성을 유지하려고 노력한 산터 바텐더가 엄격하게 선별한 것들이다.

산터의 리볼버 칵테일에 들어가는 주요 재료 중 하나는 맨해튼을 만들 때 항상 크렘 드 카카오를 넣는 한 친구의 버릇에서 영감을 얻은 것이다. 그 생각이 머리에 박힌 산터는 고심 끝에 초콜릿 대신 커피 풍미를 선택했다. 당시 칵테일 시장에는 커피 리큐어의 종류가 많지 않았다. 얼마 되지 않는 제품 중 산터가 선택한 것은 럼 베이스의 티아 마리아다.

커피를 가미한 맨해튼 만들기 프로젝트에 들어간 버번에 대해서는, 그럴 운명이었다고 말할 수 있다. 산터가 바 매니저로 일하던 샌프란시스코 미션 디스트릭스의 재즈 클럽 브루노스에서는 주류 구매를 그의 상사가 담당하고 있었다. 그러던 어느 날에 그는 아무도 이게 뭔지 몰라서 누구도 주문할 리가 없을 법한 신상품인 불렛 버번 한 상자를 받아들게 되었다.

버번과 티아 마리아를 성공적으로 결합시키기 위해 산터는 오렌지 비터스로 방향을 전환했다. 당시 바텐더들은 한때는 어디에서나 구할 수 있었던 칵테일 재료를 다시금 재발견하고 있었는데, 샌프란시스코에서 이를 취급하는 매장은 존 워커앤코 한 곳이 유일했다. 산터는 한 달에 한 번 오토바이를 타고 달려가서 바에서 사용할 비터스를 여러 병 사왔다. 그리고 시선을 집중시키는 가니시에 대해서는 이를 자신만의 트레이드 마크로 만든 바텐더 데일 디그로프에게 공을 돌린다.

칵테일의 이름은 사용한 버번의 브랜드명도 그렇지만 가니시로 올라가는 불타는 오렌지 트위스트에서 마치 포연과 비슷한 향기가 나는 것에서 착안한 것이다.

산터는 브루노의 칵테일 메뉴에 리볼버를 올렸지만 그리 깊은 인상을 주지는 못했다. 브루노는 그런 분위기에 어울리는 장소가 아니었다. 여기를 방문한 손님은 거의 라거나 위스키, 콜라를 주문했다. 칵테일 메뉴를 살펴보는 사람도 거의 없었다. 그 대신 리볼버는 동료 바텐더가 주문하는 메뉴로 자리잡았다.

---

* 총알이라는 뜻.

리볼버가 진정한 발판을 딛고 일어선 것은 2006년 샌프란시스코의 텐더로인 지역에 버번 앤 브랜치가 문을 연 이후였다. 뉴욕의 유명한 밀크 앤 허니 바를 본딴 이 바는 샌프란시스코 칵테일 업계의 경쟁과 재미를 10배는 더 키워버렸다. 산터는 이곳의 바 개장 직원으로 근무했는데, 개업 메뉴판에 오른 오리지널 칵테일 중 바 디렉터인 토드 스미스의 작품이 아닌 것은 산터의 리볼버가 유일했다. 문제는 메뉴판에 무려 63개의 음료 메뉴가 올라 있었고 리볼버는 10페이지나 되어야 등장한다는 점이다.

리볼버의 운명은 개업 후 반 년 후에 인기 높은 버번 앤 브랜치가 같은 존스 스트리트에 예약을 받지 않는 스탠딩 바 라이브러리를 열면서 다시 한번 바뀌었다. 라이브러리의 메뉴에 올라간 칵테일은 몇 개 되지 않았는데 그중 하나가 리볼버였던 것이다. 바텐더들은 하룻밤에 50~75잔의 리볼버를 만들어야 했다. "라이브러리에 일하던 동료들이 얼마나 많은 오렌지 껍질에 불을 붙였는지 손끝이 새까매졌다고 불평하던 기억이 납니다." 산터가 말했다.

리볼버가 밀크 앤 허니와 리틀 브랜치, 더치 킬 등 사샤 페트라스케의 다른 모든 바의 메뉴에 등장했을 때, 그 진실성이 비로소 입증되었다.

얼마 지나지 않아 산터는 오스트리아에서 뉴질랜드에 이르기까지 전 세계의 칵테일 메뉴에 리볼버가 올라 있는 사진을 받아보게 되었다. 2012년, 그는 친구인 패트릭 브레넌으로부터 오클랜드의 한 바 메뉴판에 리볼버가 올라 있다는 소식을 전해들었다. 브레넌이 바 매니저에게 이 칵테일을 만든 것이 바로 근처에 사는 그의 친구 산터라고 하자 매니저는 코웃음을 쳤다. "바 매니저는 제 친구에게 리볼버는 아주 오래 전에 탄생한 클래식 칵테일이라고 했대요." 산터가 말했다. "흙보다 오래되었다고 말이죠."

불렛 버번 위스키	60ml
커피 리큐어	15ml
오렌지 비터스	2대쉬
가니시용 불을 붙인 오렌지 트위스트	

얼음을 절반 정도 채운 믹싱 글라스에 가니시를 제외한 모든 재료를 넣는다. 차가워질 때까지 약 15초간 스터링한다. 걸러서 차가운 쿠프 글라스에 담는다.

불을 붙인 오렌지 트위스트를 만든다. 오렌지 제스트 한 조각을 약 2.5cm 크기로 자른다. 오렌지 제스트를 음료에서 10cm 정도 떨어진 곳에서 껍질이 아래로 가도록 잡는다. 성냥에 불을 붙인 다음 제스트의 껍질 부분을 따뜻하게 데운다. 제스트를 성냥 가까이에서 재빠르게 비튼다. 오렌지의 가향 오일이 터져나오면서 가볍게 불꽃이 튀며 향기를 음료 표면에 확 퍼트린다.

시에스타
SIESTA

초심자의 행운이라고 부를 수 있는 칵테일이다.

케이티 스타이프는 뉴욕 시에서 현대 믹솔로지의 초기 온상 중 하나였던 플래티론 라운지에서 막 바텐더로서의 경력을 시작했을 무렵인 2006년에 시에스타를 고안해냈다. 헤밍웨이 다이키리를 변형한 시에스타는 데킬라와 라임 주스, 자몽 주스, 심플 시럽, 캄파리를 섞어서 만든다.

2006년 당시에는 헤밍웨이 다이키리에 들어가는 일반 럼과 마라스키노 리큐어 대신 데킬라와 캄파리를 쓴다는 점에서 시에스타를 만들기가 쉽지 않았다. 칵테일 바텐더 업계에서는 데킬라를 귀하게 대접해야 마땅한 술로 막 재평가하기 시작할 무렵이었다. 그 전까지는 마가리타와 데킬라 선라이즈 외의 형태로 데킬라를 접할 일이 거의 없었다.

시에스타의 탄생 소식은 입소문을 타고 천천히 퍼져나갔다. 플래티론은 믹솔로지에 대한 재능이 샘솟는 원천이다. 이 곳의 바텐더들이 다른 바의 메뉴 구성을 염탐하기 위해 찾아갈 때면, 레시피 지식으로 잔뜩 무장해서 칵테일을 받아든 청중이 자연스럽게 모여들었다.

그러나 시에스타가 진정한 메가폰을 손에 쥔 것은 리네트 마레로와 아이비 믹스가 전국 여성 바텐더의 재능을 부각시킴과 동시에 유방암 인식과 예방, 연구를 위한 기금을 모으기 위한 목적으로 2011년 창설한 순회 칵테일 콘테스트 스피드 랙에서였다. 스피드 랙 콘테스트에 참가한 바텐더는 각 라운드마다 기억에 의존해서 최대한 빠르고 정확하게 여러 가지 음료를 만들어야 한다. 그리고 2015년부터 만들 수 있는 칵테일 리스트에 스타이프의 시에스타가 올랐다. 그 이후 영국과 캐나다, 호주의 스피드 랙 대회에도 시에스타가 등장했다.

스타이프는 플래티론을 떠난 이후 10여 개가 넘는 바에서 근무했다. 그가 만들어낸 독창적인 칵테일 목록만 수백 개에 이른다. 하지만 시에스타는 여전히 그중에서 가장 잘 알려진 칵테일의 위치를 유지하고 있다. "지금은 머리를 전혀 쓰지 않고도 쉽게 발명할 수 있을 칵테일처럼 보이기도 해요." 스타이프가 말했다. "당시에는 전혀 그렇지 않았는데 말이죠."

데킬라	45ml
라임 주스	22.5ml
심플 시럽	22.5ml
자몽 주스	15ml
캄파리	7.5ml
가니시용 라임 휠	

얼음을 절반 정도 채운 칵테일 셰이커에 가니시를 제외한 모든 재료를 넣는다. 차가워질 때까지 약 15초간 셰이크한다. 걸러서 차가운 쿠프 글라스에 담는다. 라임 휠로 장식한다.

싱글 빌리지 픽스
SINGLE VILLAGE FIX

초창기의 모던 메즈칼 칵테일인 싱글 빌리지 픽스는 샌프란시스코의 바 주인 테드 보글러의 가장 유명한 작품 그 이상의 의미를 지닌다. 보글러의 말에 따르면 자신의 '유일한 작품'이기 때문이다.

"사샤 페트라스케처럼 저도 혁신이나 발명에는 관심이 떨어지는 편입니다." 보글러가 말했다. 그 대신 오랜 전통을 지닌 클래식 칵테일을 만드는 솜씨를 연마하는 쪽을 선호했던 것이다. "아가베 증류주는 일반적인 전통 주류에 속하지 않아서 살짝 예외군이었죠."

메즈칼은 풀향에서 과일향에 이르기까지 다양한 풍미를 지닌다. 특유의 과일향에서 파인애플을 연상한 보글러는 2008년 제니퍼 콜리오와 함께 피스코 펀치용으로 개발한 파인애플 검 시럽을 메즈칼과 짝지어보았다. (콜리오는 현재 상업용 시럽을 생산하는 스몰 핸드 푸드 회사를 설립했다.) 그리고 직접 개발한 최상급 칵테일 구성을 갖춘 피자가게인 베레타의 오프닝 메뉴에 포함시켰다. 그리고 순식간에 인기몰이를 했다.

"베레타와 제 집은 샌프란시스코 내에서도 스페인어를 사용하는 지역인 미션에 자리하고 있었습니다." 보글러가 말했다. "이 지역의 정신을 표현하고 싶었는데, 참으로 아름다운 영혼이라 할 수 있죠. 그리고 저는 술의 기원에도 관심을 가지고 있는데, 싱글 빌리지 메즈칼은 유래를 추적할 수 있는 몇 안 되는 주류였습니다." 이후 오픈한 그의 영향력 넘치던 첫 바 겸 레스토랑 바 아그리콜의 메뉴에도 싱글 빌리지 픽스가 올라갔다.

"제 경력을 상징하는 칵테일처럼 느껴집니다." 그가 말했다. "아주 단순한 음료입니다. 기본적으로 증류주와 재료의 품질에 집중한 밀크 앤 허니식 레시피죠."

메즈칼 ·································· 45ml
스몰 핸드 푸드 파인애플 검 시럽
　　 ·································· 22.5ml
라임 주스 ···························· 22.5ml

얼음을 절반 정도 채운 칵테일 셰이커에 모든 재료를 넣는다. 차가워질 때까지 약 15초간 셰이크한다. 걸러서 차가운 쿠프 글라스에 담는다.

더 슬로프
THE SLOPE

줄리 라이너는 2009년 브루클린에 클로버 클럽 바를 열었을 때 이곳만의 마티니와 맨해튼 칵테일을 메뉴에 올리고 싶었다. 그 결과 진 블라썸과 당시 줄리가 살던 브루클린 인근의 파크 슬로프 지역의 이름을 딴 이 칵테일이 탄생했다. 다행히 운이 좋게도 둘 다 손님에게 금방 인기를 끌었다. 당시의 많은 뉴욕 바텐더처럼 줄리도 밀크 앤 허니의 바텐더 빈센조 에리코가 브루클린과 맨해튼을 염두에 두고 만들어낸 레드 후크에서 영향을 받았다.

"저도 그 칵테일을 알고 있었는데, 아주 좋아했어요." 라이너는 당시를 이렇게 회상한다. "그 레시피를 보고 맨해튼을 조금만 수정해서 새로우면서도 그만큼 맛있는 칵테일을 만들어낼 수 있다는 사실을 알게 된 것이 저에게 큰 영향을 미쳤죠." 레드 후크처럼 더 슬로프에도 당시 유행하던 이탈리아산 증류주인 푼 테 메스가 들어간다. 아직도 클로버 클럽에서 매우 잘 팔리는 칵테일 중 하나다.

라이 위스키 ································· 75ml
푼 테 메스 ································· 22.5ml
살구 리큐어(로스먼 앤 윈터 오차드 살구
   리큐어 추천) ··························· 7.5ml
앙고스투라 비터스 ···················· 1대쉬
가니시용 체리

얼음을 절반 정도 채운 믹싱 글라스에 가니시를 제외한 모든 재료를 넣는다. 차가워질 때까지 약 15초간 스터링한다. 걸러서 차가운 칵테일 글라스에 담고 체리로 장식한다.

티아 미아
TIA MIA

티아 미아는 고전적인 티키 칵테일인 마이 타이(Mai Tai)의 철자를 이용해 만든 이름으로, 마이 타이의 메즈칼식 버전이다. 라틴 정신에 입각한 브루클린의 바인 레이엔다의 공동 소유주인 아이비 믹스가, 멘토인 줄리 라이너가 맨해튼에서 잠시 운영했던 티키 바 라니 카이를 위해 만든 칵테일이다. 이후 라이너와 믹스가 함께 라이엔다를 열게 되면서 티아 미아도 메뉴에 올랐다. 지금까지도 안정적으로 인기를 누리는 메뉴판의 터줏대감이다. 수많은 칵테일 책에 실리기도 했다.

델 마게이 비다 메즈칼 ············· 30ml
애플턴 에스테이트 리저브 자메이카 럼
················· 30ml
볶은 아몬드 오르자(오르자 워크스 토르자 아몬드 시럽 추천) ·········· 15ml
큐라소(피에르 페랑드 추천) ········· 15ml
라임 주스 ····················· 22.5ml
가니시용 라임 휠
가니시용 파인애플 잎
가니시용 식용 난꽃

얼음을 채운 칵테일 셰이커에 가니시를 제외한 모든 재료를 넣는다. 차가워질 때까지 약 15초간 셰이크한다. 걸러서 으깬 얼음을 채운 차가운 더블 올드패션드 글라스에 담는다. 라임 휠과 파인애플 잎, 식용 난꽃으로 장식한다.

토미스 마가리타
TOMMY'S MARGARITA

토미스 마가리타는 아마 그 어떤 모던 클래식과도 다르게, 거의 10년에 걸친 우연으로 만들어진 칵테일이다. 정확한 탄생 연도를 추적하고 싶은 사람이라면 모든 희망을 버리자. "탄생일 따위는 없습니다." 가족이 경영하는 샌프란시스코의 멕시코 레스토랑 토미스의 운영자이자 토미스 마가리타를 만들어낸 훌리오 베르메호가 말했다. "토미스의 마가리타 스타일이 진화한 것입니다."

토미스 마가리타의 씨앗이 심어진 것은 베르메호가 아직 법적으로 음주 가능한 연령이 되기 이전이었다. 다른 많은 10대들처럼 그 또한 술을 실험 삼아 다양하게 마셔보았다. 맥주와 럼, 브랜디는 괴로운 숙취가 뒤따랐다. 그러나 리치몬드가에 있는 그의 가족이 운영하는 식당인 토미스에서 빼내온 데킬라는 별로 뒤끝이 없다는 사실을 알아냈다. 특히 용설란을 100% 사용해서 만든 에라두라 데킬라는 그의 뇌에 거의 손상을 주지 않았다.

수 년이 지나고 베르메호가 토미스의 바 뒤에 자리잡은 1980년대 후반, 그는 이 허송세월 시기의 기억을 되살려 토미스의 전용 마가리타에 사용하는 믹스용 데킬라를 에라두라로 바꾸었다.

"기본 재료비가 극적으로 늘어났어요." 베르메호가 당시를 회상했다. "하지만 마가리타의 가격은 고작 50센트만 올렸죠." 하지만 베르메호에게 있어서 맛의 변화는 그만한 가치가 있는 일이었다.

토미스 마가리타는 마가리타의 결정적인 재료인 큐라소가 일절 들어가지 않는 것으로 유명하지만 이는 베르메호의 결정이 아니다. 원래 토미스의 하우스 마가리타에는 당시 칵테일에 흔하게 사용하던 트리플 섹이 들어갔다. 하지만 베르메호가 일하기 시작할 무렵에는 아마도 경제적인 이유로 레시피에서 사라지고 심플 시럽으로 대체된 상태였다.

그러나 심플 시럽 대신 아가베 시럽을 쓰기로 한 것은 베르메호의 발상이었다.

"아가베 시럽은 주로 캘리포니아의 건강식품 생산자가 사용하던 제품이었어요." 그가 말했다. "가격대도 높았지만 저에게는 고민할 필요가 없었죠. 데킬라와 비슷한 식물에서 나온 제품이니까요." 또한 베르메호는 마가리타의 사워 믹스에 갓 짜낸 라임 주스를 사용하고, 과장스러운 장식은 필요 없다고 생각해 가장자리에 전부 소금을 묻히는 관행도 없앴다.

수년의 세월이 흐르는 동안 베르메호는 마가리타를 섞어서 블렌딩하기보다 온더락 스타일로 내는 쪽을 선호하게 되었다. 1990년대 말엽에는 원래 95%가 블렌딩이었던 토미스 마가리타의 주문 형식이 95% 정도 온더락으로 들어올 만큼 바뀌었다.

그러나 그가 일으킨 그 모든 혁신에도 불구하고 토미스 멕시코 레스토랑은 여전히 리치몬드에 머물러 있었다. 베르메호는 진공 상태에서 일하고 있던 것이나 다름없었다.

그러다 1995년 또는 1996년의 어느 날, 베르메호는 샌프란시스코에서 가장 유명한 바텐더로 손꼽히던 토니 아부 가님을 통해 더 넓은 바텐더 세상의 눈에 띄게 되었다. 아부 가님은 1997년 라스베이거스의 벨라지오 호텔과 카지노의 칵테일 담당자가 되면서 벨라지오를 컨설턴트로 영입했다. 그때부터 현지 언론은 주기적으로 토미스가 데킬라 메뉴를 어떻게 구성하고 있는지 관심을 보이기 시작했다. 1999년에는 월스트리트 저널이 데킬라에 관한 장문의 기사를 실으면서 토미스를 데킬라 부활의 '진원지'로 지목했다. 이 기사를 통해 베르메호는 데킬라 전문가로서의 명성이 확고하게 굳어졌다.

토미스 마가리타에 관해서 가장 마지막에 주목받은 것이 바로 이름이었다. 그리고 베르메호는 그 이름과 아무런 관련이 없다. 그가 공을 돌리는 것은 무심코 명명 세례를 내린 두 명의 영국 바텐더 헨리 베산트와 드레 마쏘다.

2001년 베르메호는 데킬라 규제위원회(CRT라고 불린다)와 함께 EU에서 공식적으로 데킬라를 인정받는 과정에 일조하기 위해 영국과 유럽을 방문했다. 베르메호의 역할은 영어를 사용하는 바텐더와 소통하는 것이었다. 런던에서 그는 최고조의 인기를 누리는 랩 바의 바텐더인 드레 마쏘를 만났다. 그 다음 해 마쏘는 베르메호에게 방문하고 싶다는 요청을 보내왔다. 그리고 2003년에 장장 6개월에 걸쳐 베르메호의 이야기를 듣고 데킬라를 시음하는 시간을 보냈다.

"제가 토미스의 하우스 칵테일을 발견한 순간이었죠." 마쏘가 말했다. "바와 레스토랑을 둘러보면 모든 고객이 한손에는 데킬라를, 다른 손에는 토미스 마가리타를 들고 있는 것 같았어요."

마쏘와 베센트(2013년에 사망)는 곧 현지에서 데킬라를 대표하는 두 명의 대리인이 되어 주변에 소문을 퍼트리고, 2000년대 중반에 설립한 컨설팅 회사 월드와이드 칵테일 클럽의 창립자로서 칵테일 시연회에서 데킬라를 선보였다. 심지어 2005년에는 런던에 그린 앤 레드라는 멕시코 레스토랑 겸 데킬라 바를 열고 아마 최초로 토미스 마가리타를 언급한 칵테일 책 『Margarita Rocks(마가리타 락)』을 공동 집필했다. 이름은 생각보다 쉽게 지을 수 있었다.

"제 마음 속에서는 토미스 레스토랑과 너무나 동의어 같았던 칵테일이어서 항상 그렇게 불렀습니다." 마쏘가 말했다.

레포사도 데킬라 ·············· 60ml
라임 주스 ·················· 30ml
아가베 시럽 ················ 15ml
가장자리용 코셔 소금
가니시용 라임 웨지

락 글라스의 입구 가장자리 절반 부분을 라임 주스에 담갔다가 소금을 묻힌다. 옆에 따로 둔다. 얼음을 절반 정도 채운 칵테일 셰이커에 가니시를 제외한 모든 재료를 넣는다. 차가워질 때까지 약 15초간 셰이크한다. 걸러서 앞서 준비한 락 글라스에 얼음을 채운 다음 담는다. 라임 웨지로 장식한다.

트라이던트
TRIDENT

트라이던트는 무명인 것들에 대한 찬가이자 이 책에 실린 칵테일 중 유일하게 바텐더가 만든 것이 아니니다. 시애틀의 로버트 헤스는 1990년대까지 마이크로소프트의 기술 임원이자 아마추어 홈 믹솔로지스트였다. 그는 비터스를 포함해 잘 알려지지 않은 칵테일 재료에 애착이 깊었다. 수년간 구식 마티니의 필수 재료인 오렌지 비터스를 구하러 다니다 마침내 뉴욕 로체스터에 자리한 제조업체 피 브라더스를 찾아냈고, 오렌지와 민트, '올드패션드', 그리고 복숭아 비터스를 한 상자씩 주문했다.

이 복숭아 비터스는 헤스가 붙인 이름인 '무명 네그로니' 칵테일을 완성하는 궁극적인 프로젝트의 초석이 되었다. 이미 진 대신 아쿠아비트를 이용해서 실용적으로 이 이탈리아산 칵테일을 만들 수 있다는 사실을 발견한 후였다. 헤스는 아마 여기에 다리를 이을 수 있는 또 다른 소외 받은 술이 있을 거라고 생각했다. 그리고 캄파리를 또 다른 강렬한 이탈리아산 아티초크 리큐어 치나로 대체했다. 그리고 베르무트 대신 드라이 셰리를 사용했다. 헤스는 여기에 삼지창이라는 뜻의 트라이던트라는 이름을 붙였는데, 이 세 종류의 술을 생산하는 세 항해 국가를 기리는 마음이었다.

그는 시애틀에서 이 세 가지 주요 재료를 구할 수 있을 거라는 믿음이 가는 유일한 바인 지그재그의 바텐더들에게 본인이 고안한 칵테일 레시피를 보여주었다. (헤스는 어디를 가든 복숭아 비터스를 지참하고 다녔다.) 그들은 칵테일을 마음에 들어했다. 너무 마음에 들었는지 그다음에 헤스가 찾아왔을 때는 이미 칵테일 메뉴에 트라이던트가 올라 있었다. 곧 시애틀 주의 주류통제위원회는 왜 지그재그에서 다른 모든 시애틀 바를 합친 것보다 많은 양의 치나를 주문하는지 물어오기에 이르렀다.

하지만 2005년 후반에 뉴욕에 막 페구 클럽을 연 시애틀 출신의 바텐더 브라이언 밀러가 지그재그를 방문해 술을 한 잔 하는 일이 없었다면, 트라이던트는 그저 현지에서나 인기 있는 칵테일의 위치에 머물렀을 것이다. 밀러는 트라이던트에 너무나 매료된 나머지 레시피를 가져가서 페구 클럽에서 판매하기 시작했다. 칵테일 마니아를 위한 일종의 가상 머메이드 태번[*]이 된 헤스의 인터넷 채팅방 '드링크보이(Drinkboy)'에 오른 것도 트라이던트의 명성을 높였다.

피노, 만사니야 또는 아몬틸라도 셰리 ················· 30ml
아쿠아비트 ················· 30ml
치나 ················· 30ml
복숭아 비터스 ················· 2대쉬
가니시용 레몬 트위스트

얼음을 절반 정도 채운 믹싱 글라스에 가니시를 제외한 모든 재료를 넣는다. 차가워질 때까지 약 15초간 스터링한다. 걸러서 차가운 쿠프 글라스에 담는다. 레몬 트위스트로 장식한다.

• 런던의 옛 술집으로 엘리자베스 왕조 시대에 작가들이 자주 모이던 곳.

보드카 에스프레소,
즉 에스프레소 마티니

VODKA ESPRESSO, AKA ESPRESSO MARTINI

그 여성은 케이트 모스가 아니었다. 나오미 캠벨도 아니었다. 사실 전설에 따르면 1980년대의 어느 날 밤 런던의 소호 브라세리에서 딕 브래드셀에게 '나를 흥분시켰다가 깨워줄' 칵테일을 주문했다는 이 미스터리한 모델은 아예 모델도 그 무엇도 아니었을 수도 있다.

"브래드셀은 그 여성이 누구였는지 전혀 기억나지 않고, 그저 모델인 것 같다고 생각했다고만 했어요." 브래드셀이 죽기 5년 전인 2011년에 보드카 에스프레소에 대한 인터뷰를 했던 앱솔루트 엘릭스의 글로벌 브랜드 디렉터 미란다 디킨슨은 이렇게 말했다.

하지만 고인이 된 바텐더의 딸 비어트리스 브래드셀은 실제로 모델이 있었다고 주장한다.

"안타깝게도 모델의 이름은 모릅니다." 브래드셀이 말했다. "아버지가 무덤까지 가져가 버렸거든요. 그게 실화라는 건 알고 있지만 정체가 밝혀지지 않는다는 미스테리한 부분을 아버지가 워낙 좋아했어요."

일절 알려진 바가 없는 여성은 시간의 안개에 가려진 에스프레소 마티니에 대한 수많은 세부 요소 중 하나에 불과하다. 이름조차도 논쟁의 여지가 있었다. 비교적 평범한 이름인 보드카 에스프레소 뒤에는 온 세상의 바를 떠도는 길고 거친 여정이 숨어 있다. 1990년대 후반에 에스프레소 마티니로 진화하면서 그 이름으로 고정되었다. 또한 1998년부터 2003년까지는 파머세티컬 스티뮬런트[*]라는 이름으로 짧고 열광적인 악명을 누렸다.

그 과정을 거치면서 칵테일의 구성 또한 이름만큼이나 자주 바뀌었다. 올드 컴프턴 가의 소호 브라세리에서 내던 원조 버전은 메뉴판에 올리지 않고, 딕 브래드셀이 친한 친구와 동료에게만 선사하는 특별한 칵테일이었다. 당시에는 커피 리큐어를 넣지 않았다. 그저 이름만 보면 알 수 있듯이 보드카 샷과 에스프레소 샷에 심플 시럽을 약간 가미해 섞었을 뿐이었다. 그런 다음 온더락으로 담아 지금은 상징적인 요소가 된 에스프레소 빈 세 개를 올려 냈다.

브래드셀이 자신을 대표하는 카드가 될 리큐어를 찾아낸 정확한 시기가 언제인지도 추측할 수 밖에 없다. 어딘가에서는 1983년이라고 하지만 비어트리스 브래드셀의 생각은 다르다.

"아버지는 저에게 당시 소호에서 데이비드 보위의 영화인 <앱솔루트 비기너스>를 찍고 있었다고 말했어요." 브래드셀이 설명했다. "그 영화가 개봉한 것이 1986년이니 이 칵테일이 만들어진 것은 1985년이라고 생각해요."

---

[*] Pharmaceutical Stimulant: 약학적 자극제라는 뜻.

그러나 보드카 에스프레소가 유명해지기까지는 10년 정도의 시간이 더 걸렸다. 조나단 다우니가 1997년 9월 개업한 본인의 바 매치 EC1에 브래드셀을 고용하기 전까지는 메뉴에 오른 적이 없었던 것이다.

"매치 바에 등장하기 전까지는 보드카 에스프레소에 대해 들어보거나 마셔본 적이 있는 사람은 거의 없었습니다." 다우니가 말했다. "엄청나게 인기가 많은 진정한 신의 계시와 같은 메뉴였죠."

매치에서 선보인 칵테일은 보드카 에스프레소의 뒤얽힌 역사 속에서 과도기에 속하는 버전이었다. 여전히 보드카 에스프레소라고 불렸지만 심플 시럽 대신 커피 리큐어를 사용했고, 결정적으로 스템드 글라스에 담아 냈다. 비어트리스 브래드셀에 따르면 아버지는 이 칵테일에 완전히 만족한 적이 없어서 계속 조금씩 고쳤다고 한다.

"아버지는 최종적으로 어떤 칵테일을 완성하고 싶은지 내내 고민했는데, 마음이 가는 곳은 디저트 스타일의 칵테일과 브랜디 알렉산더였어요." 브래드셀이 말했다. "브랜디 알렉산더는 브랜디와 크림이라는 상당히 다른 두 가지 풍미에 이를 수식하는 요소를 첨가해 미각에 느껴지는 간극을 훌륭하게 메운 칵테일이라고 생각했죠. 그래서 칵테일에 다양한 커피 리큐어를 첨가하면서 실험을 거듭하고 셰이킹을 통해 질감을 개선하려고 노력했어요."

1990년대 말엽이 되어서야 이런 갱신 과정이 마무리되면서 새로운 이름이 탄생했다. 바로 에스프레소 마티니다.

대부분의 사람들은 보드카 에스프레소에 새로운 정체성을 강요한 1990년대의 '티니 열풍'을 비난한다. "그때 런던에서는 모든 것에 '티니'를 붙였어요." 디킨슨이 말했다. "마티니가 엄청나게 인기였죠. 그 시기에 보드카 에스프레소가 에스프레소 마티니로 발전한 거예요."

그러나 딕 브래드셀은 매치 이후에도 본인의 발명품을 가만히 놔두지 못했다. 1998년 영국의 예술가 데미안 허스트가 잠시 칵테일 문화에 푹 빠져서 노팅힐에 파머시라는 바를 열었다. 그곳의 칵테일 프로그램을 완성하기 위해 고용된 브래드셀은 본인의 보드카 에스프레소이자 에스프레소 마티니를 다시금 파머세티컬 스티뮬런트라고 명명했다. 그리고 다시 온더락으로 내기 시작했다.

그 즈음에는 딕 브래드셀이 손을 대는 것은 무엇이든 주목받았기 때문에 이 칵테일도 이름이 뭐라건 상관없이 산불처럼 퍼져나갔다.

이렇게 끝없는 매력을 자랑하는 에스프레소 마티니의 성공 비결에 대해 다우니는 원투 펀치를 구현한다는 명백한 요소를 꼽는다. "인기가 있는 이유는 딕이 멋지게 퍼트린 탄생 비화에 숨어 있죠. 나를 흥분시켰다가 확 깨워주잖아요!"

보드카	60ml
갓 내린 에스프레소	30ml
커피 리큐어	15ml
심플 시럽	7.5ml
가니시용 에스프레소 빈	3개

얼음을 절반 정도 채운 칵테일 셰이커에 가니시를 제외한 모든 재료를 넣는다. 차가워질 때까지 약 15초간 셰이크한다. 걸러서 차가운 쿠프 글라스에 담는다. 에스프레소 빈으로 장식한다.

위스키 애플 하이볼
WHISKEY APPLE HIGHBALL

이렇게 단순한 음료를 발명한 바텐더 한 명에게만 인기의 공을 돌리는 것은 이치에 맞지 않다. 이 특이한 하이볼을 확실하게 완성하고 대중화한 것은, 시드니의 셰디 파인즈 살룬과 이후 안톤 포트, 제이슨 스콧 등 같은 팀이 같은 도시에 개업한 백스터다.

서부 시대를 테마로 한 바 셰디 파인즈는 항상 위스키에 집중했다. 개업 후 얼마 지나지 않아 바 주인은 브레빌 압착기를 이용해 갓 짜낸 풋사과 주스와 위스키를 섞어보기 시작했다. 이 새로운 조합은 어느 정도 눈길을 끄는 화사한 녹색의 도움을 받아 즉각적으로 대중에게 인기를 끌었다. 아직 제대로 된 이름이 붙지도 않았고, 메뉴에도 오르지 않은 채였다. (포트는 이 메뉴를 '위스키 애플'이라고 불렀다.) 하지만 사람들은 이 존재를 알아채자마자 주문하기 시작했다.

얼마 지나지 않아 시드니 전역의 바에서 위스키 애플을 팔게 되었다. 2017년에는 하이볼이 태평양을 건너 다이아몬드 리프나 서포크 암즈, 페피스 셀러(스캇이 연 바) 등 뉴욕의 칵테일 바 메뉴에도 등장하기 시작했다. 맛있는 위스키 애플 하이볼을 만들기 위한 필수 재료는 양질의 그래니 스미스 사과를 갓 짜낸 주스다. 처음에 사용했던 위스키는 짐 빔 라이지만 그 외의 라이 위스키를 사용해도 맛있기는 마찬가지다.

라이 위스키 ····························· 30ml
갓 짜낸 그래니 스미스 사과 주스
 ································· 120ml

얼음을 채운 하이볼 글라스에 모든 재료를 넣는다. 가볍게 스터링한다.

화이트 네그로니
WHITE NEGRONI

필요는 발명의 어머니다. 그리고 가끔은 네그로니 한 잔이 절대적으로 필요하다.

2001년의 어느 무더운 여름밤, 보르도의 한 작은 마을이 딱 그런 상황이었다. 당시 플리머스 진의 이사였던 닉 블랙넬은 증류주 박람회인 바인엑스포에 참석하기 위해, 드링크 인터내셔널 칵테일 대회에 참가하려는 런던의 떠오르는 신진 바텐더 웨인 콜린스와 함께 영국에서 프랑스로 여행을 떠났다. 두 사람은 대회가 열리기 전날 메독의 게스트하우스에 묵었다. 식지 않는 여름의 열기에 블랙넬은 얼음처럼 차가운 네그로니 한 잔을 간절하게 원했다. 그 마을에는 괜찮아 보이는 바가 없어서 두 사람은 필요한 전통 재료인 진과 캄파리, 스위트 베르무트를 급하게 구입하기 위해 현지 주류 판매점을 방문했다.

콜린스는 당시 가게에 들어서자마자 정체를 알기 어려운 프랑스산 리큐어와 아페리티프가 잔뜩 늘어선 진열대와 마주했던 기억을 떠올렸다. "네그로니를 프랑스 재료로 만들어보는 것도 어울릴 것 같아서 그러자고 제안했죠." 그들은 스즈와 릴렛 블랑을 골랐다. 그리고 둘 다 진에 관한 일을 하기 위해 찾아온 만큼 기본 증류주는 역시나 진으로 결정했다.

그날 오후 늦게, 그리고 후에 만들었던 네그로니에는 모두 신선한 핑크 자몽 한 조각을 장식했다. 원래 마티니에 감귤류 트위스트를 즐겨 사용하기로 알려진 콜린스는 핑크 자몽의 달콤쌉쌀한 풍미가 칵테일에 산뜻함을 선사할 거라고 생각했고, 블랙넬의 마케팅 정신이 빛을 발했다. 그는 집에 돌아가면 영국에 화이트 네그로니로 명명한 새로운 칵테일을 널리 알리자고 제안했다.

그러나 칵테일은 인기를 얻지 못했다. 콜린스와 블랙넬의 노력에도 불구하고 수년간 조용히 잊힌 상태였다. 아이러니하게도 화이트 네그로니는 탄생한 마을도, 발명자의 고향도 아닌 미국에서 큰 성공을 거두었는데, 당시 미국에서는 아직 스즈를 구하기 어려웠다. 2002년 블랙넬은 플리머스 진의 브랜드 홍보대사로 사이먼 포드를 고용해서 보드카를 사랑하는 미국을 다시금 진 애호국으로 탈바꿈시키는 임무를 맡겼다. 그는 화이트 네그로니를 들고 달려가서 진에 조금이라도 흘끗 관심을 보이는 바 주인이 있으면 이를 비롯한 각종 진 칵테일을 소개했다. 그중 한 명이 뉴욕 칼라일 호텔의 베멀먼즈 바의 바 디렉터인 오드리 손더스였다.

스즈를 구해야 하는 문제를 해결하기 위해 손더스는 영국을 오가는 잦은 일정 중에 여러 병을 몰래 들여왔다. 이후 2005년 문을 연 페구 클럽에서도 비슷하게 구해오다 온라인에서 우연히 소량의 스즈를 판매하는 걸 발견하고 상황이 나아져서 이 칵테일을 바의 메뉴판에 올릴 수 있게 되었다.

"물론 불법이었죠." 손더스가 인정했다. "하지만 제 입장에서는 초기에 장인의 제품에 대한 인식을 넓히는 데에 필요한 모든 일을 하는 것이 더 중요했어요."

결과적으로 미국 바텐더들 사이에 스즈를 구해야 한다는 수요가 강해져서 2012년 페르노드 리카드가 공식적으로 수입을 시작했다. 그 이후로는 화이트 네그로니를 막을 것이 아무것도 없었다. 2010년대로 접어들면서 화이트 네그로니의 인기는 더욱 많아졌는데, 원조 네그로니의 인기가 새롭게 올라가면서 다양한 변주 칵테일을 바라는 대중의 갈망에 힘입은 것이었다. 이 모든 점에서 콜린스가 당시 가장 선견지명이 넘치는 믹솔로지스트였다고 말할 수 있다.

플리머스 진	30ml
릴렛 블랑	30ml
스즈	30ml
가니시용 자몽 트위스트	

얼음을 절반 정도 채운 믹싱 글라스에 가니시를 제외한 모든 재료를 넣는다. 차가워질 때까지 약 15초간 스터링한다. 걸러서 차가운 칵테일 글라스에 담는다. 자몽 트위스트로 장식한다.

위블
WIBBLE

살아 있는 사람의 이름을 따서 붙인 모던 클래식 칵테일은 몇 개 되지 않는다. 런던 칵테일 부흥기를 총괄하는 사제였던 딕 브래드셀의 작품이 그중 하나다.

그리고 그 영광을 입은 사람은 다양한 브랜드 틈새에서 플리머스 진과 하바나 클럽 럼의 명성을 높이기 위해 수년간 힘써온 주류 업계의 임원, 닉 블랙넬이다. 블랙넬의 말에 따르면 브래드셀은 당시 런던의 바 더 플레이어에서 일하고 있었다. 어느 날 블랙넬은 술에 상당히 취해 여성용 모피 코트를 걸치고서 브래드셀이 근무하던 또 다른 런던 바인 디트로이트에서 다른 단골 손님의 이름을 딴 칵테일을 만들어준 것이 부러웠다고 솔직하게 털어놓았다. 이에 브래드셀은 플리머스 진에 당시 블랙넬이 홍보하고 있던 점을 고려해 플리머스 슬로 진을 섞어서 칵테일을 만들어주었다.

"아무런 연습도, 망설일 틈도 없이 즉석에서 한 번에 만들어내던 모습을 또렷하게 기억하고 있습니다." 블랙넬이 당시를 회상했다. "함께 맛을 보니 슬로와 뮬, 자몽이 어우러진 균형감에 새콤달콤하고 음양이 어우러진 톡 쏘는 풍미가 가미된 것을 전부 느낄 수 있었죠."

블랙넬은 이 칵테일에 닉 마티니라는 이름을 붙이고 싶었다. 그러나 브래드셀은 그리 좋은 발상이 아니라고 생각했다. 그는 블랙넬이 술에 취하면 항상 비틀거리지만 결코 넘어지지 않는다는 점을 고려해 오뚝이 장난감의 이름을 따서 Weeble 마티니라고 부르면 어떻겠냐고 제안했다. 그러다 잠시 고민한 후 다시 말했다. "아냐, 위블 회사에서 나를 고소할지도 몰라요. 철자를 바꾸어서 Wibble이라고 부릅시다."

진	30ml
슬로 진	30ml
자몽 주스	30ml
레몬 주스	3/4작은술
심플 시럽(2:1)	3/4작은술
크렘 드 뮬	3/4작은술
가니시용 레몬 트위스트	

얼음을 절반 정도 채운 칵테일 셰이커에 가니시를 제외한 모든 재료를 넣는다. 차가워질 때까지 약 15초간 셰이크한다. 걸러서 차가운 쿠프 글라스에 담는다. 레몬 트위스트로 장식한다.

와일디스트 레드헤드
WILDEST REDHEAD

모던 클래식 후보작

뉴욕의 바텐더 미건 도먼은 2011년 맨해튼 미드타운의 이로쿼이 호텔에 자리한 아늑한 칵테일 바 랜턴스 킵에서 근무하는 동안 이 칵테일을 만들었다. 스카치 사워와 리멤버 더 메인 칵테일 사이 어딘가에 속할 수 있는 음료인데, 도먼에게 가장 익숙한 음료이다. 스탠 존스의 저서이자 1970년대에 출판된 몇 안 되는 종합 칵테일 바텐딩 책 중 하나인 『Jones' Complete Barguide(존스의 완벽 바 가이드)』(1977)에서 발견한 와일드 레드헤드라는 체리 히어링과 레몬 칵테일에서 영감을 받았다.

블렌디드 스카치 위스키	45ml
레몬 주스	22.5ml
리치 꿀 시럽(3:1)	15ml
올스파이스 드램	7.5ml
체리 히어링	7.5ml

얼음을 절반 정도 채운 칵테일 셰이커에 체리 히어링을 제외한 모든 재료를 넣는다. 차가워질 때까지 약 15초간 셰이크한다. 걸러서 커다란 사각형 얼음 하나를 넣은 락 글라스에 담는다. 조심스럽게 얼음 위에 체리 히어링을 띄운다.

윈체스터
WINCHESTER

페구 클럽과 데스앤코 바에서 경력을 쌓은 브라이언 밀러는 2000년대에 뿌리내린 티키 부흥기의 가장 열렬한 추종자다. 그가 이룩한 혁신은 원래 많은 클래식한 티키 칵테일에 흔하게 쓰이는 럼 대신 이제는 진을 활용하게 만든 것이다. 즉, 이 음료는 밀러가 엘레타리아 레스토랑에서 바텐더 리넷 마레로와 함께 잠시 근무하던 시절에 탄생한 것이다. 비록 여기서는 메뉴에 오르지 못했지만 이후 데스앤코로 옮기면서 메뉴판에 실리게 되었다. 그리고 그때부터 밀러의 시그니처 음료로 자리잡았다.

2018년 폴리네시안이라는 티키 바를 열었을 때 진 세 개에 하나를 더 추가해서 레시피를 개선해 더블 배럴드 윈체스터를 만들어냈다. 유일하게 그대로 남긴 것은 마틴 밀러스 웨스트번 스트렝스 진이었는데, 진의 이름을 감안하면 감상적인 이유 때문이었을 것으로 추측된다. 여기에는 원본 레시피를 실었다. (이 음료는 탱커레이 진의 과거 글로벌 홍보대사였던 앵거스 윈체스터의 이름을 땄다. 이 운 좋은 남자는 독일 베를린에 자리한 빅토리아 바의 곤살로 데 소사 몬테이로가 만든 뷰저 앤 앵거스 스페셜이라는 또 다른 컬트 클래식 칵테일에도 이름을 빌려준 바 있다. 이 글을 읽고 있는 독자분들은 내가 누군가가 내 이름을 따서 칵테일을 만들어주기를 여전히 기다리고 있다는 점을 알아주길 바란다.)

마틴 밀러스 웨스트번 스트렝스 진 ·················· 30ml
헤이맨즈 올드 톰 진 ·················· 30ml
탱커레이 진 ·················· 30ml
라임 주스 ·················· 22.5ml
자몽 주스 ·················· 22.5ml
생 제르맹 엘더플라워 리큐어 ···· 22.5ml
그레나딘 ·················· 15ml
생강 시럽 ·················· 7.5ml
앙고스투라 비터스 ·················· 1대쉬
가니시용 라임 휠
가니시용 체리

얼음을 절반 정도 채운 칵테일 셰이커에 가니시를 제외한 모든 재료를 넣는다. 차가워질 때까지 약 15초간 셰이크한다. 걸러서 티키 머그에 담고 으깬 얼음을 넣는다. 체리와 함께 꼬챙이에 꿴 라임 휠로 장식한다.

1910

보스턴 칵테일 업계의 선구자이자 수년간 보스턴 칵테일 바인 드링크를 이끌어온 에즈라 스타가 2011년 칵테일 대회에 출전하기 위해 즉석에서 만들어낸 칵테일이다. 원조는 델 마게이 토발라 메즈칼과 루이 13세 코냑을 사용했다. 하지만 칵테일을 맛있게 만들기 위해서 꼭 그렇게 화려한 술을 써야만 하는 것은 아니다. 다른 종류를 사용하더라도 깊고 진하며 풍부한 한 잔을 만들 수 있다. 이 칵테일의 이름은 멕시코 혁명이 시작된 연도를 뜻한다.

푼 테 메스	30ml
메즈칼	22.5ml
코냑	22.5ml
마라스키노 리큐어	15ml
페이쇼드 비터스	2대쉬
가니시용 오렌지 트위스트	

얼음을 절반 정도 채운 믹싱 글라스에 가니시를 제외한 모든 재료를 넣는다. 차가워질 때까지 약 15초간 스터링한다. 걸러서 차가운 쿠프 글라스에 담는다. 오렌지 트위스트를 음료 수면 위에서 압착한 다음 안에 떨어뜨린다.

감사의 말

이 책을 출판하기까지 실로 많은 사람과 오랜 세월에 걸친 노력이 필요했습니다. 가장 먼저 창의적인 아이디어로 시대를 초월한 공헌을 남긴 이 책의 모든 바텐더에게 감사의 말을 전하고 싶습니다. 토니 아부 가님, 티파니 바리에르, 훌리오 베르메호, 제프 베리, 자크 베주이덴하우트, 데이먼 보엘트, 제이콥 브라이어스, 살바토레 칼라브레제, 에릭 카스트로, 토비 체키니, 스티븐 콜, 웨인 콜린스, 카일 데이비슨, 데일 디그로프, 마르코발도 디오니소스, 미건 도먼, 빈센조 에리코, 커크 에스토피날, 토니아 거피, 찰스 하드윅, 폴 해링턴, 로버트 헤스, 크리스 하이스테드 아담스, 미스티 칼코펜, 니콜 레베데비치, 돈 리, 그렉 린드그렌, 마이클 맥길로이, 토비 말로니, 프랭키 마셀, 짐 미한, 요에르그 마이어, 브라이언 밀러, 아이비 믹스, 제프리 모건탈러, 막심 패즈니악, 줄리 라이너, 샘 로스, 존 산터, 오드리 손더스, T. J. 시걸, 호아킨 시모, 토드 스미스, 에즈라 스타, 케이티 스타이프, 테드 보글러, 필 워드, 에린 윌리엄스, 그리고 최근의 더글라스 앙크라와 딕 브래드셀이 그 주인공입니다.

아론 베너와 줄리 베넷, 킴 켈러, 벳시 스트롬버그, 애니 마리노, 제인 친, 클로이 아르예, 앨리슨 렌즐리, 데이비드 호크까지 재능 넘치고 지칠 줄 모르는 텐 스피드 프레스의 직원들에게 많은 감사를 전합니다. 또한 믿음직한 훌륭한 작업물을 완성해 준 포토그래퍼 리지 먼로에게도 고맙다고 말하고 싶습니다. 벌써 우리가 함께한 공동 작업도 세 번째를 맞이했네요. PDT와 레이엔다, 클로버 클럽, 데스앤코, 아타보이에서 각각 능숙하고 아름답게 칵테일을 만들어서 스타일링해준 제프 벨과 아이비 믹스, 페드로 로하스, 자벨르 태프트, 헤일리 트라우브에게도 감사드립니다. 모던 클래식 칵테일이라는 주제에 대해 긴 글을 쓸 기회를 자주 얻을 수 있었던 음료 웹사이트 펀치(Punch)에도 감사를 드립니다. 또한 여러 해 전에 모던 클래식 칵테일에 관한 앱을 함께 만들어보자고 제안한 마틴 듀도로프에게도 깊은 감사의 빚을 지고 있습니다. 2016년 런칭한 이 앱과 관련된 수많은 연구와 작업 덕분에 이 책을 집필할 수 있었습니다.

마지막으로 언제나처럼 평생 그 누구보다도 저를 사랑하고 지지해주는 아내 메리 케이트 머레이에게 변치 않는 사랑을 전합니다. 그리고 매일 저를 자랑스럽게 만드는 아들 애셔와 의붓아들 리처드에게도 사랑한다는 말을 전합니다.

지은이 · 사진가 · 옮긴이

지은이   로버트 시몬슨

2000년부터 뉴욕 타임즈에 바와 바텐더, 칵테일, 증류주, 여행에 대한 글을 기고하고 있다. 단일 주류 칵테일 책 출간이라는 현재진행형 가내수공업 출판에 박차를 가한 『The Old-Fashioned』(2014), 최초이자 지금까지도 유일한 현재의 칵테일 르네상스의 역사를 다룬 책인 『A Proper Drink』(2016), 『3-Ingredient Cocktails』(2017), 『The Martini Cocktail』(2019), 그리고 『Mezcal and Tequila Cocktails』(2021) 이렇게 다섯 권의 칵테일 역사책을 집필했다. 『3-Ingredient Cocktails』와 『The Martini Cocktail』은 모두 제임스 비어드 어워드 후보작으로 선정되었다. 또한 『The Martini Cocktail』로 2019년 스피리티드 어워드의 베스트 칵테일 앤 스피릿 라이터 상과 2020년 스피리티드 어워드의 베스트 칵테일 북 상을, 그리고 2021년에는 IACP 어워드의 내러티브 베버리지 라이팅 상을 수상했다. 그리고 마틴 듀도로프와 더불어 '칵테일 르네상스의 모던 클래식'과 '마티니 칵테일'이라는 두 어플리케이션의 공동 저자 작업을 진행했다. 2022년 1월에는 서브스택을 통해 '로버트 시몬슨과의 믹스' 뉴스레터 발행을 시작했다.

위스콘신 출신으로 아내 메리 케이트 머레이, 아들 애셔와 의붓아들 리처드와 함께 브루클린에 살고 있다.

사진가   리지 먼로

음식과 음료 공간을 널리 다루는 사진가이자 아트 디렉터 겸 작가다. 가장 최근에는 칵테일의 사진을 찍고 마시는 것을 모두 즐기는 것에 집중하며, 제임스 비어드 어워드를 수상한 미디어 브랜드 펀치의 아트 디렉터로 근무하고 있다. 이 책은 리지 먼로와 로버트 시몬슨이 함께 작업한 세 번째 작업물이다. 바드 칼리지를 졸업하고 뉴욕 브루클린에 거주하고 있다. 가장 좋아하는 모던 클래식 칵테일은 꼭 하나만 골라야 한다면 그린포인트라고 한다.

옮긴이   정연주

푸드 에디터. 성균관대학교 법학과를 졸업하고 사법시험 준비 중 진정 원하는 일은 '요리하는 작가'임을 깨닫고 방향을 수정했다. 이후 르 코르동 블루에서 프랑스 요리를 전공하고, 푸드 매거진 에디터로 일했다. 현재 프리랜서 푸드 에디터이자 바른번역 소속 푸드 전문 번역가로 활동하고 있다. 『용감한 구르메의 미식 라이브러리』, 『빵도 익어야 맛있습니다』, 『프랑스 쿡북』 등을 옮겼고, 『아니요, 그건 빼주세요』에 작가 1인으로 참여했으며, 『온갖 날의 미식 여행』을 썼다. 캠핑 요리 뉴스레터 <캠핑카 캉스 푸드 라이프>를 매주 발행하고 있다.